精神科医Tomyが教える

運を良くするたったひとつの正しい方法

日本文芸社

はあ〜〜っ
今日もツイてなかった…
トボトボ
取引先には理不尽に怒られるし…
申し訳ありませんっっ
その後は凡ミスの山嵐…
資料違うよっ
すみませんっっ
それにひきかえ…
スッ
みんなはキラキラしてるなあ…
彼氏できました
仕事うまくいった
なんでそんなにうまくいくんだろ…
最近いいこと何もない…
ハッ
神社!!
うふふ…
こうなったら神頼みだわっっ
すっごくいいことありますように
ブツブツ
とにかく幸せになれますように…
そんなんじゃ叶わないわよっ
ヌッ

失礼なっ
ナニヤツ!?
私? TOMYよ
ホホホ
だって何やってもうまくいかないんだもんっ
ちょっおちついてっ
神様にお願いしたっていいでしょっ
ポカ
ポカ
あなたは一体どうなりたいわけ?
しっしあわせになりたいんですっ
漠然としてるわね…それじゃあ運はよくならないわよ?
えっ
じゃあどうすれば…!?
ガーん
まぁうちでお茶でも飲んでって
ゆっくりお話しましょ
TOMY'S精神科クリニック
ニャンと!?精神科クリニック!?

はじめに

はーい、皆さんお元気に生きていらっしゃいますか？

アテクシはゲイの精神科医Ｔｏｍｙと申します。文字通りゲイでかつ、日本のどこかにあるこぢんまりしたクリニックで精神科医やっております。

アテクシにはもう一つの顔がありまして、物書きでもあります。アテクシが日々診察で患者様にお伝えしている言葉を本にして、皆様にお届けするというお仕事もさせていただいているのよ。

さて、今回は「どうしたら運が良くなるのか？」というテーマでペンを取らせていただきました。といってもアテクシ、占いも風水も詳しくありません。スピリチュアルなお話をするわけでもありません。

「運がいい人」っていうのは、実は「正しい考え方で、目的のために正しい行

Introduction

動を取れる人」のことなんだとアテクシは考えています。世の中漠然と何も考えずに生きていると、考え方に歪(ゆが)みが生じたり、それが原因で目的から外れた行動をしてしまったりすることがあります。

で、それが悩みだったり、生きづらさの原因だったりする。カウンセリングでは考え方の歪みに気づいてもらい、行動を変えてもらう方法が一般的なのよ。

これを「認知行動療法」といいます。

つまり、「運が良くなる方法」は認知行動療法を応用すればできるんじゃないかとアテクシは考えています。

だってみんなが運を良くしたいと考えるのは、悩みや生きづらさを解決したいからでしょ？　結局同じことなのよね。

正しい考え方で正しい行動をし続けていれば、いつか望む結果が得られる。

さて、Ｔｏｍｙ流「運を良くする方法」いってみましょうか！

目次

はじめに……4

1章 医学的に解き明かす！ 運の正体

精神科医の立場からみた運……14
人生の浮き沈みは運のせいにできない？……16
スピリチュアルや占いを信じたくなる理由……18
必要なのは「神様」ではなく、「自分の軸」よ……20
開運グッズの本当の効果は心のコントロール……22
思考は現実化するわ……24
運命ってあるのかしら？……26
運は自分で良くすることができる？ できない？……37
Tomy's Column
「直感」というものについて考えてみましょう。……38

Contents

2章

精神科医が教える運を良くする方法

いつも運がいい人に共通する三つのポイント……42
とにもかくにも自分の軸と粘り強さが大切なの……46
誰でも今すぐできる！　Ｔｏｍｙ流・運を磨く習慣……49
自分の状態を冷静に見るクセをつけるのよ……52
書くと運が良くなる！「私の未来予想図」ノート（プライベート編）……54
書くと運が良くなる！「私の未来予想図」ノート（仕事・勉強編）……56
今自分の運が良いのか悪いのかをチェックするには？……58
目の前の幸運に気づくと、それだけで運は上がったも同然よ……60
運が良くなると運命の人も現れるわ！……62
書くと運が良くなる！「運命の人探し」ノート……66
金運を上げる方法を理論的に考えてみるわ！……68
ハッピーになれるお金の使い方は？……71
仕事運を上げる方法を理論的に考えてみるわ！……73

恋愛運を上げる方法を理論的に考えてみるわ！……75
結婚運を上げる方法を理論的に考えてみるわ！……80
Tomy's Column
「うまくいき過ぎても大丈夫？」という不安について考えてみましょう。……84

3章

運を悪くする人の心のなかを徹底診察！

いつも運が悪い人に共通する三つのポイント……88
運が悪くなるときは、ネガティブがネガティブを呼んで雪だるま式よ……91
こんなときは要注意よ　運を悪くする感情別に処方箋を出すわ……94
処方箋1　不安を感じているとき……94
処方箋2　怒りを感じているとき……95
処方箋3　孤独を感じているとき……96
処方箋4　人と比べているとき……97

Contents

処方箋5 執着しているとき……98

処方箋6 自分を好きになれないとき……99

処方箋7 余裕がなく、焦りを感じているとき……100

処方箋8 物事を損得勘定で考えてしまうとき……101

処方箋9 後悔を抱えているとき……102

処方箋10 自分を責めるクセがあるとき……103

運の悪さから抜け出すヒントはこの三つよ……104

Tomy's Column 「運のいい人を妬まない方法」を考えてみましょう。……108

Comic 自分を好きになる方法って？……110

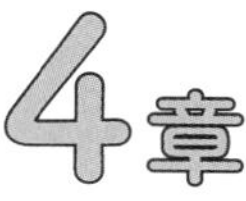

4章 Tomy流幸福論 人生をハッピーに変える方法

自分の人生や幸福感についてちゃんと考える……112

自分のなかの愛を育てるって人生を良くするのよ……114

5章

運がどんどん良くなる人間関係

自分の「好き」という気持ちがわからない人へ……116
心のアンチエイジングを常に心がける……118
メンタルを鍛えることでだいぶラクになれるのよ……122
Tomy流ハッピーの育て方……124
人付き合いは運を左右する？……128
運を良くする人とはずっとうまく付き合いたいわ……132
家族やパートナーのネガティブに影響されるのは困るわね……134
運を落とす嫌いな人の対処法、許す方法……136
運の上がるパートナーの見つけ方を教えるわよ……138
本当の友達ってどんな存在かしら？……141

Contents

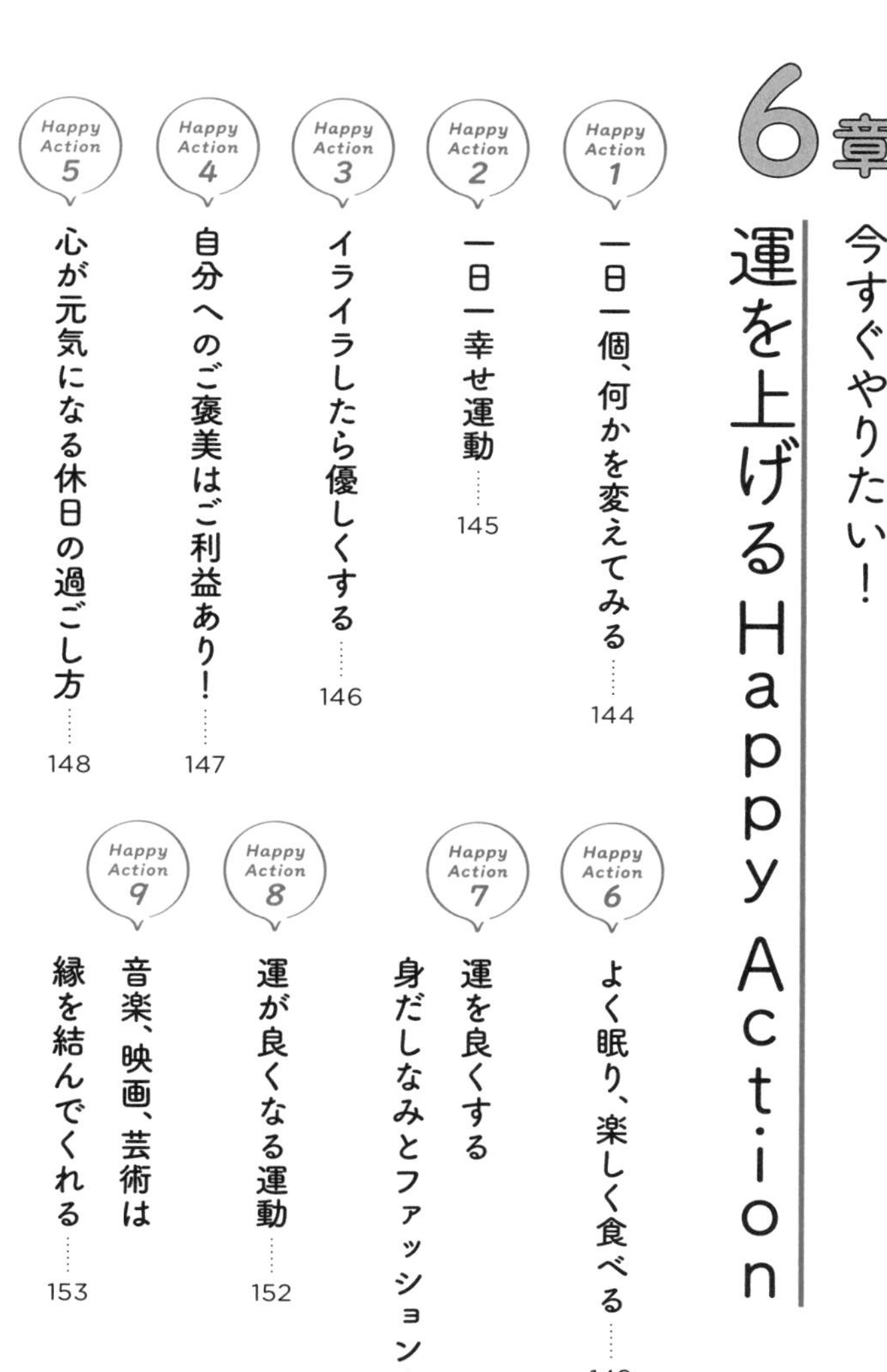

6章 今すぐやりたい！ 運を上げるHappy Action

Happy Action 1 一日一個、何かを変えてみる……144
Happy Action 2 一日一幸せ運動……145
Happy Action 3 イライラしたら優しくする……146
Happy Action 4 自分へのご褒美はご利益あり！……147
Happy Action 5 心が元気になる休日の過ごし方……148
Happy Action 6 よく眠り、楽しく食べる……149
Happy Action 7 運を良くする身だしなみとファッション……150
Happy Action 8 運が良くなる運動……152
Happy Action 9 音楽、映画、芸術は縁を結んでくれる……153

（お悩みQ&A）運を良くするクリニックへようこそ……154
【お悩み1】「ずっと何もやる気が起きないのですが、運のバイオリズムでしょうか？」……155
【お悩み2】「転職するたびに変な会社で辞めたくなります。転職運を良くするには？」……158
【お悩み3】「人とコミュニケーションを取るのが苦手で、今のテレワークはありがたいです。でもこのまま一人でいていいのか不安です」……160
【お悩み4】「ここ一番の大勝負や大事な場面で緊張したり、不安になったりするタイプ。こんなんじゃうまくいかないです……」……162
【お悩み5】「毎日が淡々としていて面白いことが何もありません。私の人生にチャンスとかってあるのでしょうか？」……164
【お悩み6】「SNSなどでかまってほしい思いが強く、痛い子と思われています。でもみんなに愛されたくて」……166
【お悩み7】「自分だけ不幸で人生詰んだという思いに取り憑かれてしまいます」……168
【お悩み8】「旦那が家事育児を一切手伝わず、私ばっかり損してる。ツイてません」……170
【お悩み9】「いつもダメな人ばかりを好きになってしまう。いわゆる恋愛運のいい人ってどんな人？どうしたらそうなれますか？」……174
12ヶ月のTomy's言葉お守り……178
おわりに……190

1章

医学的に解き明かす！
運の正体

運って
目に見えないけど
正体を知ることは
できるのよ

精神科医の立場からみた運

まず、運っていうものの正体について、精神科医の立場から考えてみるわね。運が良い人というのは、何をしてもラッキー、つまり本人にとって望ましい結果が訪れる人だと定義してみましょう。でも一般的には物事の確率は等しく起きるはず。だから「特定の人だけがいい思いをする」なんてことはないはずなのよね。

じゃあなぜ一部の人にいいことが続くように見えるかというと、正しい考え方をして、正しい行動をしているからなの。

たとえば何かで成功したいときは、成功する可能性のある考え方をして、コツコツと努力する。それをひたすら続けていれば、いつかは成功するかもしれ

ない。もちろん、正しい考え方をして正しい努力を続けていても必ず報われるというわけじゃないわ。

でも正しくない考え方で、正しくない行動をしていれば100%成功はしない。絶対に運は良くならないのよ。そして、世の中には一つのポイントだけでなく、成功したら人生うまくいくと感じるだろうなと思うポイントがいっぱいあります。すべてのポイントで正しい考えと正しい行動をしていれば、一つ、いやうまくいけば複数成功するはずなのよ。

他人がうらやましいなと思えるポイントで一つでも成功している人がいれば、他人はその人のことを「運がいい」って思うんじゃない？　つまりはそういうことなのよ。

正しい場所に網を沢山張れば、魚は一匹以上取れます。一匹取れたと思えば人生は楽しい。運がいいと感じられる。でも正しくない場所に網を張る、あるいは網すら張らなければ魚は一匹も取れない。運が悪いって思うはずなのよね。

人生の浮き沈みは運のせいにできない？

さて、何かにつけてうまくいかないと「運が悪い」と考えることがあります。実はこれは精神医学的には「防衛機制」の一つだと考えることができるわ。防衛機制とは、精神医学の父といわれるフロイト博士が考えたものです。

まあ詳しく説明するとややこしくなるので、Ｔｏｍｙ流に大雑把にいうと、「そのまま現実を認めちゃうとつらいので、自分の気持ちを加工してつらさを緩和する心のはたらき」が防衛機制なのよ。これでもわかりにくいと思うので、ちょっとたとえを入れてみましょう。

たとえば「反動形成」。これは自分の気持ちと正反対の行動を取ることでバ

ランスを保とうとすることです。好きな子に意地悪しちゃうってアレよね。「逃避」という防衛機制は、目の前にある問題から逃げる防衛機制。たとえば試験前なのに勉強せず、掃除を始めちゃうとかね。

まあこんな具合にアテクシたちって、**沢山の防衛機制を用いながら日々のストレスに立ち向かっている**わけなのよ。

そして、「他責」というのも立派な防衛機制。つまり他人を責める。○○のせいにする。ちょっと言いたいことがわかってきたかしら？

運が悪いせいにするのも立派な防衛機制ということなのよ。そのやり方を責めるわけじゃないわ。時にはその考え方でストレスを逃がしてあげることも必要よ。

でも、それだけだと自分の可能性を「運のせい」と片付けて見過ごしてしまうかもしれない。多くの出来事は、自分の考え方や行動で良い方向に持っていけるはずです。

スピリチュアルや占いを信じたくなる理由

ここではスピリチュアルや占いを信じ過ぎちゃう人について考えてみたいと思うわ。まず、こういった人の特徴は次の3点があると考えられます。

①ロマンチスト

スピリチュアルや占いで、運が良くなるという考え方は一種のロマンなのよね。人生で一発逆転が狙えるような夢を持とうとする傾向があると思うわ。

②暗示にかかりやすい

「○○すると縁起が良い」と思い込むというのは、ある種の暗示です。自分に

「これをやったから運が良くなるはず」と暗示をかけることで快適に過ごせる。だからはまってしまうのかもしれないわね。

③依存的

こういう人は、基本的に生きている不安やつらさをスピリチュアルや占いに頼りたいという気持ちもあると思います。そういう意味では依存的だともいえます。

アテクシは**これらの傾向は、いいものでも悪いものでもないと思います。考え方の特性やクセのようなもの**です。こういう傾向によって世の中に起きる諸問題をなんとか処理していこうとしているだけなのです。

だけど、何事もそうだけど、行き過ぎると危険。ほどよくコントロールして乗り切っていこうという姿勢が大切ね。

必要なのは「神様」ではなく、「自分の軸」よ

運を良くしたり、願いを叶えてもらったりしようと、神頼みをする人もいるわよね。

アテクシは宗教を否定はしません。ただ、**宗教というのは「自分の思考の軸」を得るための手助けをくれるもの**だと考えています。生きることには大きな悩みや問題が常につきまとう。こういうときに、自分はどうしたらいいのか、どうすべきなのかわからなくなることがあります。

宗教、そこまでいかなくても神社やお寺を参拝することで、自分の気持ちを落ち着かせ、考え方を整理する。きっと神様というものが存在するのであれば、真面目に生きたいと考える人々を応援してくれるのだと思います。

逆に自分の思考の軸を持とうとせずに全面的に神頼みをすることでなんとかしようとしても、うまくいかないでしょうね。何もプランを持たずに問題を乗り越えようとしているわけだから。

それを踏まえた上で、神頼みはこんな風にしてみるのはどうかしらね。たとえばアテクシは、神社やお寺でお参りするときは、今乗り越えたい問題が解決するようにお祈りすることが多いわ。

「最善を尽くすことを誓うので、うまくいきますように」というスタンスです。

この「誓う」という行為が結構大切だと思っているのよね。

世の中何かを叶えるときには、何かを犠牲にしなければいけないことが多いから。自分のエネルギーも時間も限られていますから、あれもこれもなんてできない。こういうときに**「誓う」ことによって物事に優先順序をつけ、自分の方向性を見なおす効果がある**と思うの。

開運グッズの本当の効果は心のコントロール

お守り、パワーストーン、金運アップ財布、赤いパンツ……などなど、開運グッズもいろいろあるけど、それ自体に医学的にみて効果があるかというと、証明はできないわ。

ただ、**自分が「これは運が良くなる」と思うグッズを持っていることはきっと頼もしく、心地良いものでしょう。**ピンチのときは持っているだけで心強いと感じるかもしれない。純粋に自分が「素敵だな」と思うものに囲まれることは決して悪いことじゃないと思うわ。

ただ、これらのものは「物質的な価値以上に高価であってはいけない」とア

テクシは思います。

もし、より高いものを買えばより運が良くなるというような仕組みづけがされている場合は、そこに儲（もう）け主義が混じり込んでいます。より高いものを買わせようとする意図を感じたら離れるべきだと思うわ。

そんな人が作ったものを持っても、いいことなんてないでしょうからね。

なので開運グッズを買うときには、思い入れ過ぎず「あーこれかわいくて縁起もいいならアリだわね」ぐらいのノリで買うほうがいいと思うわ。

思考は現実化するわ

これって本当というか、非常に当たり前のことを言っているのよ。考えていないのに自分の願いが達成されるはずもなくて、**頭のなかにどうなりたいか、どうもっていきたいかプランがあるから物事が成就する。**それだけのことなんです。

もちろん考えていても必ず成就するわけじゃないけれど、生きていれば何度でもトライアンドエラーできるわけだからいつかは叶う確率がとても大きいわよね。

一方で思考がなければ、現実化するわけもない。入口にも立っていないのですからね。

でも、思考はあるけど、現実化する人もいれば、しない人もいる。

思考は現実化するけれど、必ずではないと思うの。思考、つまり**考え方に妥当性がないと、現実化しないどころか遠ざかることだってありえる**わけです。これは精神療法的には「認知の歪み」ということで説明がつけられます。

たとえば、「好きな人と素敵な恋愛をしたい」という思考があったとします。そのためにはお互いを思いやり、お互いを支え合うということが大切になってくる。こういう思考を持てればいいのですが、「相手が自分のことを本当に好きかどうか試す」と考える人もいます。そうすると相手を振り回し、しまいには相手を疲れさせてしまい恋愛は破綻（はたん）します。

これは、素敵な恋愛に必要なものを取り違えているから起こる悲劇なのよ。

思考は現実化するけれど、目的のために適切な思考を持つ必要があるのね。

運命ってあるのかしら？

運命をどう定義づけるのかということによっても変わってくると思うけれど、**節目節目となる人生のイベントがあって、それが人生の方向性を決定づける**ということはあるでしょう。

ただこれはあらかじめ誰かが決定しているというよりは、**日ごろの生活態度や考え方、行動の積み重ねによってだんだん流れができてくる**のだと思います。この話、実際に例を見せちゃったほうがわかりやすいかもしれないわね。というわけでアテクシのケースを。

アテクシ、今は精神科医と物書きという二つの大切な仕事をしています。自分に向いていると思うし、自分のやるべきことだと思っています。でも、最初

アテクシが想像していた人生はそうではありませんでした。

幼少期　書店がテーマパーク

アテクシはずっと「物書きになりたい」という気持ちを持っていました。元をたどれば、父親が本だけは必ずアテクシに買い与えるという教育方針だったことでした。内容はチェックされるけど、基本、欲しい本はいつでも買ってもらえる。

一方で、誕生日だろうがなんだろうがゲームは一切買ってもらえませんでした。なので、アテクシはゲームをあまりやらない子どもになりました。

そしてアテクシはなんとなく書店に行くのが日課になっていました。だって、本ならいつでも買ってもらえるんですから。そして書店という場所が好きになっていきました。本ばかり読んでいると、ただ文字を追うだけでこんなに読者をワクワクさせたり、楽しい気持ちにさせたり、いろいろ学ばせることのできる作家という仕事に憧れを持つようになりました。

学生時代　文章を書く楽しみを知る

その後、機会を見つけては文章を書くようになります。クラス新聞を発行したり、文化祭の演劇の脚本を担当したり。アテクシは自分の文章をただ書くだけではなく、なるべくみんなに読んでもらい、その反応を見ることが楽しみになっていきました。

そうすると反応の良い言葉をより選ぶようになり、文章をどんどんブラッシュアップしていく過程が楽しくなってくる。特に文化祭で演劇を担当したときは、監督をやりたい人が見つからず、結局アテクシが監督も務めることになりました。

アテクシ脚本の書き方もわからず、監督も何をしたらいいのかわからない。

当時高校二年生だったアテクシは脚本の書き方から調べ、国語の先生にいろいろ教えてもらい、勉強の傍ら少しずつ原稿を仕上げていきました。

同時に文化祭当日までに演劇が完成できるよう、配役や裏方を決め、統率し、練習を少しずつ進めていったの。何から何まではじめてのことで、遅れて間に合わなかったらどうしよう、評判が悪かったらどうしようなどと不安になりつつも、計画通りに準備できました。

そして当日。前評判の噂がよく、会場は満員。拍手喝采でした。アテクシ、文化祭の締めのスピーチをやれと担任に言われたんだけど、スピーチの途中で泣けてしまって。そうしたらクラスの全員が立ち上がって拍手してくれました。このときのことは本当に忘れられません。「いつかはプロの物書きになりたい」という思いが確固たるものになった瞬間でした。

受験〜研修医　内科医を目指すが……

このあとアテクシは父の後をついで医師になるべく受験勉強に入ります。そのあと大学入学、国家試験、研修医を経て「物書きになりたい」という気持ちは一旦潜伏するようになりました。

しかし、書店に行くのは相変わらずの日課でしたし、「自分ならこんな風に書ける」という思い、いつか本を出版したいという思いは持ち続けていました。研修医中に本来ならば内科を目指したかったのですが、異常なまでの不器用さ、処置の苦手さ、身体管理があまり好きではなかったことなどから「自分は内科には向いていないのではないのか」という思いに至ったのです。

そんなときにアテクシの心に蘇（よみがえ）ったのが「物書きになりたい」という思い。物書きになろうとまではこのとき考えてはいませんでしたが、「本来自分は文系人間だった」というところまでは思い出すことができました。

医者として一番文系っぽいことができそうなところはどこか、と考えたときに出てきた答えが「精神科」だったのです。精神科は哲学や文学と共通するところもあり、診察では言語感覚が大きな武器ともなりえます。

結局精神科医になる

実際に進んだ精神科は、アテクシにとってまさに適材適所でした。落ち着いた診察室内で、自らの言語感覚を生かして、患者様の状態を良くしていくことができます。

今までに読んだ小説も、何度も見た映画も、自分がゲイであることの葛藤も言葉を介して医療につながっていく。こんな科は精神科だけでした。アテクシは精神科医という立場に満足していましたが、そこから「物書きになる」という発想はまだ突拍子もないものでした。でも、心のなかに「いつか物書きになって自分の言葉を生かしたい」という思いは着実に育っていました。

こうしてまた数年が過ぎます。アテクシは精神科医として仕事をするようになっていましたが、高齢の父のことが気がかりでした。というのも父は内科のクリニックを経営していましたが、年齢のこともありアテクシに診察をしてほしいと常に口にしていました。

しかし、アテクシは精神科医で内科は門外漢です。ただ、父に精神科に進んだことを伝えると実家を継ぐ気はないと宣言してしまうことになります。その勇気がなくて精神科に進んだことをアテクシはまだ父に伝えていませんでした。

父が倒れ、内科医に

そんな矢先、運命の転機が訪れました。父が突然病に倒れたのです。アテクシは実家に帰り、父のクリニックを引き継ぐことになりました。父のクリニックには、治療途中の患者様が大勢いらっしゃいます。専門ではないからと放っておくことはできません。

内科の復習をしながら、患者様を引き継ぎ、同時に寝たきりとなった父の対応もすることになりました。アテクシは一旦内科医に戻ることになりました。最初は大変でしたが、徐々に仕事にも慣れていきました。

「このままずっとやっていけそう」とは思ったのですが、やはり内科医と精神科医では仕事の内容が異なります。仕事に対していまいち集中できない自分がそこにはありました。

父の死、Ｔｏｍｙの誕生

そんな状態が一年ほど続いたある日、父の入院していた病院から一本の電話がありました。

「お父様の容体が急変しています、すぐ来てください」

病院につくと、父はすでに冷たくなっていました。小春日和の暖かい静かな病室で小鳥が申し訳なさそうにさえずるなか、アテクシと母はずっと泣いていました。

父が亡くなったあと、病院に見舞いに行く必要もなくなり、気持ちも時間もポッカリと空いたようになってしまいました。それを見ていた当時のアテクシのパートナーがこういったのです。

「Ｔｏｍｙってさ、昔から文章書くの好きだったでしょ。ブログでも始めてみたら？」

パートナーの勧めでアテクシはブログを書き始めてみました。そんなとき、アテクシはふと思い出しました。

「アテクシ、昔は小説家になるのが夢だったわよね。それでよく文章書いていたっけ」

当時はブログ全盛期で、人気ブログが書籍化されることがよくありました。アテクシも人気ブログに育てられれば念願の本が書けるかもしれない。でも、ありきたりなブログじゃ誰も読んでくれないわよね。ゲイで精神科医でカップルなんて珍しいし、アテクシとパートナーの日常を面白おかしく書いてみたらどうかしらねえ？

それだけだとネタ切れになるかもしれないから、お悩み相談も読者から集めてやってみようかしら。ゲイだからオネエロ調がいいわねえ。そうすると一人称はアタシ？　んーありきたりねえ。ワタクシ？　ちょっとイメージと違う。アタシ＋ワタクシでアテクシなんてどうかしら。よしこれでいこう。

アテクシのペンネーム何にしようかしらね。パートナーの名前をもじってトミーにしよう。Ｔｏｍｙね。あっ、本当はＴｏｍｍｙなのか。まあ、いいやＴｏｍｙのままで。

こうしてＴｏｍｙが誕生したのです。

その後ブログは順調にアクセス数が伸び、見事書籍化しました。その勢いで数冊本を出し、２０１９年にはＴｗｉｔｔｅｒのフォロワーがぐっと増え、さらに多くの本やベストセラーを出すことができるようになったのです。

また、医者としてはやはり自分は精神科医だという思いが強くなり、実家のクリニックは内科のドクターに来てもらって託すことにしました。そしてアテクシは再び精神科医としてクリニックで勤務しています。

今はアテクシは精神科医と作家、自分のやりたかった仕事を二つも持てています。

ちょっと長くなりましたが、アテクシの人生は運命なのでしょうか?　やりかたかった仕事を二つもできているのですから、大変幸せなことですし、運の要素もあると思います。

しかし、根底には「いつかはこれをやりたい」と思って、機会があれば書こう、機会があれば精神科医をやろうという気持ちが流れていたのです。でなければアテクシは医者をやめたり、内科医のままだったり、ブログを書くこともなかったりしていたでしょう。

きっかけは外から来るかもしれませんが、流れは自分で作るものだと思います。それが運命なのです。つまり、自分で運命を作ることはある程度できるのよ。

運は自分で良くすることができる？ できない？

さて、ここで「運は良くすることができるのか」ということについて考えてみたいと思います。でも、ここまでアテクシが書いてきたことで結論は皆様にもおわかりでしょう。

そう、運を良くすることはできます。

目標のために正しい考え方を行い、正しい行動をしていれば、いつかは自分の思う環境が手に入りやすくなるからです。

2章では、その具体的な方法についてみていくことにしましょう。

さて、
ちょっとここで
雑談
コーナー

「直感」というものについて考えてみましょう。

直感というものを医学的に考えてみると、「意識化されていない状況の分析力、予測力」だとアテクシは思うのね。

普通は何か問題が起きるとそれに対して対策を考え、予測をして対応するわけです。

しかし、直感が鋭い人ってここの過程を無意識のうちに行ってしまう。そして、似たような状況の過去の経験がある程度頭のなかに入っていて、「今回はこのときの状況に似てるからきっとこうなる」ってところまでピンときちゃっているのだと思います。

そういう意味で直感を働かせたいのであるならば、いろんな

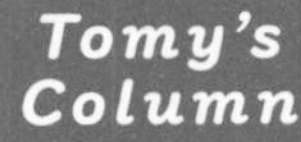

似た状況をなるべく多く体験する。あるいは似た事例を多く学習する。ということが大切になってくると思います。ちなみにここで大切なことは、

自分で決断することよ。

何かの決断、日常の些細なことでもいいんだけど、それを**自分の責任で決断する。失敗は恐れない。というかむしろ失敗するために決断する。**

なぜかっていうと自分で決めれば「今回はこういう方法をとって失敗したな。次はこうしよう」と経験知として蓄積されるからです。他人に決めてもらっては自分の経験が増えない。

たとえば、「美味しい店が直感でわかる人」というのは「こ

ういう場所にあって、こういう門構えで、こういう客層ならだいたい美味しい」っていう情報を自分の経験のなかから得ているのよ。

だから知らないところに行っても「あ、こういう店は多分、美味しい」って直感が働くようになるのね。

美味しい店に限らず、直感が働くってこういうことなんだと思うのよ。

2章

精神科医が教える運を良くする方法

おまちかねの
ハウツーよ
実はシンプルな
ことなの

いつも運がいい人に共通する三つのポイント

では「運がいい人」に共通することを考えてみましょう。運のいい人はこんな特徴があると思うわ。

①自分のやりたいことがはっきりしている人

②ブレない人

③柔軟に意志を変化させられる人

それぞれについて見ていきましょう。

まず①の自分のやりたいことがはっきりしている人ね。

運がいい人っていうのは「なんとなく運が良くなりたい」なんて考えていないのよ。「自分にとって〇〇が大切だから〇〇したい」っていうのがはっきりしている。言い方を変えると、**自分にとって何が幸せなのかよーくわかっているわ**。このへんがよくわかっていない人だと、「あー、こんなのもいいわ。うらやましい」「うーん、あんなのが幸せよねえ」と、とにかく優柔不断で自分の考えというのがはっきりしていない。

自分の考えがはっきりしていないということは、運が良くなりたい先の目標がはっきりしていないってことなのよ。何が自分の望みなのかはっきりしていないのに、正しい考え方も正しい行動も取りようがないから、結局運なんて良くなるはずもないわけです。

そして②のブレない人。

さっきの①にも通じるけど、**自分が何を望んでいるのかブレブレな人は、自分がどうなったら幸せなのか見えていないわ**。だから、運が良くならない。

逆に自分にとって大切なもの、そうじゃないものがしっかりしている人は正しく行動を取捨選択できるというわけです。

さらに③の柔軟に意志を変化させられる人。

①や②と矛盾するような内容に一見、見えるけれどそうじゃないのよ。自分の望むものって生きていくなかで少しずつ変わっていくことがある。

そういうときに**今まで「大切だと思い込んでいたこと」に執着すると、いつまでたっても運が開けてこない**と感じることも出てくるはずよ。

ブレない目的があるからこそ、柔軟に変化させられるということ。頑固者は運が開けにくいともいえるわね。

ん？「やりたいことがはっきりしていない私はどうすればいい？」そんな声も聞こえてきそうね。やりたいことがはっきりしていない人には、次の2タイプあると思います。

①本当は何かやりたいのに、見つかっていない人

このタイプの人は「何か見つけたい」という気持ちがあるもののそれすらわかっていない状態です。でも**無理に見つけることもないのよ**。ただ「何かを見つけたい」というのがアナタの今の願いなんだと認識することが大切。

そう思っているだけでいろんなことに取り組もうとするでしょうし、何かタイミングが来たら「これだ」と認識することができると思うわ。

②実はもう満たされている人

特にやりたいことがない、とはいえやりたいことを見つけたいわけじゃない。こういう人は実は**もう運は良くなっている**と考えたほうがいいでしょう。

すでに満たされているのよ。こういうときは、自分が満たされているんだと理解し、毎日を丁寧に生きる。日々の穏やかな毎日のなかの「運」をちゃんと理解すること。満たされているときって、考えようによってはちょっと退屈なのよ。でもそれはとてもありがたいこと。

ともかくにも
自分の軸と粘り強さが大切なの

こう考えていくと運を良くするためには、自分の軸が大切だということに気がつくんじゃないかしら。

生きていく上で何もかも手に入れるってことは無理なのよ。

だから自分にとって必要なものと必要じゃないもの、優先順位の高いものと低いものがちゃんとわかっている必要があるのよ。

これがないと「Aさんがイケメンと結婚した。えーいいなあ、運がいいなあ」「Bさんは独身だけど自分の起こした会社が成功してバリバリの女社長。運がいいなあ」なんてふらふらうらやましがってばかりになる。

「自分が何をしたいのか、何をやりたくないのか」ちゃんと意識しているってことが大切なのよね。

ここをちゃんと意識して、自分の中心にもってくることが自分軸なのです。この自分の中心にもってくるということもとっても大切でね。自分の中心に、「これをやると親から評価されないんじゃないか」「他人からどう思われるのか」なんて他人からの評価基準を持ち込むと、正しい行動ができないのよ。なぜかというと自分の方向性が他人にあるので、決まらないからです。

そして自分の軸をはっきりさせたあとに必要なのは粘り強さ。

運がいい人ってさ、周りから「成功した瞬間」だけ見られているのよ。そこに至るまで、本人が正しい考えと正しい行動でもっていつか成功をつかみ取るまでコツコツとやってたことなんて、周りの誰も見ていないのよね。

正しい努力をしていても結果がすぐついてくるわけじゃないから、**開けてくるまで、そして開けてきたあともコツコツと続ける努力っちゅうのが必要なわけなのよ。**

誰でも今すぐできる！Tomy流・運を磨く習慣

さて、今まで運に必要な原則というのをみてきました。こうやってみると実に当たり前で実に地道な話なのよね。**ぶっちゃけ魔法のような方法はないということです。**

でもこの当たり前で地道なことって意外とできる人は限られているわ。だからこそ、アナタにも運が良くなるチャンスなんていくらでもあるわけよ。

ではもっと具体的に、運が磨かれる方法について考えてみましょうか。最終的には正しい考え方をもって、正しい行動を取り続けることが大切。

そのために必要なことは、

①規則正しい生活

②時間を守る

③お金を正しく使う

もう本当に、基本的過ぎる話なんだけど、めちゃくちゃこれが重要。
まず①の規則正しい生活なんだけど、健康を維持できなければ運も何もないわけ。**暴飲暴食、睡眠不足なんて状態だったら頭もちゃんと働かない。まともな考え方もできないし、コツコツ正しい努力なんていうのもできない。**
お坊さんみたいな生活をしろとまでは言わないけれど、ある程度ちゃんとした生活を送らないと運なんて良くなるはずがないわよね。
さて②の時間を守るですが、これも大切。ちょっと遅刻をしたがために、人の信頼を失ってチャンスを逃すこともある。**時間が守れないっていうのは「その時間にあなたがそこにいる確率が低い」**ってことなので、いい話な

んて誰も持ってこないのよ。大事なところだけ遅刻しないように振る舞おうと思ってもうまくいかないし、ボロが出る。普段から遅刻しない、期限を守るようにすることが本当に大切なんです。

そして③のお金を正しく使う。これも本当に大切。賭け事や無駄遣いはするべきじゃないし、自分が払うべきものはちゃんと払う。見栄のためだけに使い過ぎない。借りたものは必ず返す。**お金に対して誠実な扱いができないと、自分の手元にお金が残らないのよ。**

お金がないことで起きる一番大変なことって、贅沢ができないとかじゃないのよ。選択肢が減ってしまうことなの。お金がないと大学に受かっても進学できないかもしれない。上京するチャンスがあっても上京できないかもしれない。いろんなチャンスがきたときにお金がないせいで、一番良い選択肢が取れないということは本当にもったいないことよ。

運を良くしたいのならば、この三つはしっかり意識すること。

自分の状態を冷静に見るクセをつけるのよ

さて、運を良くするためには正しい考えと正しい行動が大切だと、口が酸っぱくなり過ぎるぐらいに言ってきました。そのためには自分の現状評価がちゃんとできていることが大切です。

これをするために、アテクシはこんなものを提案してみたいと思います。

「私の未来予想図」を定期的に書く。

これは定期的でも不定期でもいいんですが、アテクシはだいたい一年に数回書いております。自分の今困っている点、もっと良くしたい点をプライベート、仕事、健康にわけて書いておきます。

そしてそれぞれの項目で「まず○○しておきたい」という近々の目標を書いておくのよ。**こうした整理を文字にして起こすことで、「ああ、今の自分にはこれが足りない。こうしたいんだ」と心の片隅に意識づけることができるの。**

そうすると、知らないうちにその可能性があればチェックするし、「これだ！」というタイミングがあったら行動に移せるようになります。

たとえば「3年以内に結婚したい」という未来予想図があれば、「長く付き合える彼氏を今年の夏までに探す」という目標を書いておく。こうすることで、良い出会いの場所に行ったり、友人とお茶したときに『あ、彼氏募集中なの』って一言付け加えておこう」と気づいたりできるのよ。

この小さな積み重ねが「運の上昇」につながっていくというわけ。ぜひ、書いてみて！

書くと運が良くなる！

「私の未来予想図」ノート

（プライベート編）

自分の現状評価をするためにも、やりたいことを叶える準備をするためにも、未来予想とそのために取り組む近々の目標を書いてみて！

例

未来予想

料理の腕を上げる

近々の目標は？

来月から
料理教室に通う

例

未来予想

部屋を心地良くする

近々の目標は？

不用品を捨てて
4月に模様替えする

例

未来予想

素敵な彼氏をつくる

近々の目標は？

夏までに
趣味サークルに入る

未来予想 その①

近々の目標は？（いつまでに、何をする）

未来予想 その②

近々の目標は？（いつまでに、何をする）

未来予想 その③

近々の目標は？（いつまでに、何をする）

書くと運が良くなる！

「私の未来予想図」ノート

（仕事・勉強編）

同じように仕事や勉強についても考えてみて。
年に１回は考えてみるといいから手帳に書くのもおすすめよ。

例

未来予想

1年で売り上げ〇〇を達成する

近々の目標は？

3ヶ月後には月の売り上げ〇〇を達成する

例

未来予想

部下への指導力を上げる

近々の目標は？

毎月研修に参加。同僚の指導をウォッチしていいことを書き出す

未来予想 その①

近々の目標は？（いつまでに、何をする）

未来予想 その②

近々の目標は？（いつまでに、何をする）

未来予想 その③

近々の目標は？（いつまでに、何をする）

今自分の運が良いのか悪いのかをチェックするには？

さて、自分の考えや行動のパターンが正しい方向に向いていない、あるいは目標なく動いていると、たいてい物事は悪い方向に向かいます。

先ほどおすすめした未来予想図を書くと、「自分はこうしたいのに、物事は悪い方向に向かっているな」と気づくことができるわ。

このときに大切なポイントは、

良い結果が得られないときは、間違った行動をしているということ。

運が悪いというのはアンラッキーなのではなく、アナタが選んでいる行動が間違っているということです。**行動が変われば結果も変わるので、行動を変**

えてみるべきよね。

たとえば、「結婚したい」のに、「安易な出会いを繰り返す」人がいます。いわゆる遊びの関係よね。でもそこで出会うのは遊び人ばかり。遊び人は遊ぶつもりで近づいてきているし、責任を取らないから遊び人なのです。

だからいくらボーイフレンドができても結婚にはつながらない。むしろ遊び人といることで、まともな男の人と会う機会も減るし、そういう男の人を遠ざけている可能性もあるわけなのよ。

この場合は、結婚したいと思って出会いを繰り返しているはずなのに、「遊び人ばかり捕まえて先に進まない」ということに気がつくことが大切なの。

運のチェックは自分の行動のチェックともいえるわね。

目の前の幸運に気づくと、それだけで運は上がったも同然よ

これがなかなかできていないから、いいことがないなんて言ってる場合もあるでしょ？

自分がいかに幸運か、それに気づく方法はわりと簡単です。自分がラッキーだな、恵まれているなあと思うことを定期的に数え上げる。これも書き出すほうがより有効。そして、毎回数える数を決めておく。外枠から決めておかないとちゃんと気づきませんからね。

たとえば毎週10個、自分の幸運を書き出すようにするとかルールを決めておくのね。試しにアテクシもやってみようかしら。

①比較的穏やかに過ごせる。
②パートナーとの関係が心地良い距離感。
③遊んでくれる友達が何人かいる。
④お母さんが元気。
⑤仕事が安定している。
⑥本を書くことができる。
⑦健康である。
⑧ペットがかわいくて元気。
⑨スタッフと行くランチが楽しい。
⑩もうすぐピアノが来る。

これアテクシ今書きながら思ったけど、「10個書き出すわよ」って思ってなかったら当たり前だと思って意識してなかったこともあります。やっぱりこの方法は大変有効なのよね。

運が良くなると運命の人も現れるわ！

さて、ここで「運命の人」について認知行動療法的な観点から考えてみましょうか。

「運命の人」というとスピリチュアルな表現過ぎてわかりづらいので、「自分にＦｉｔした、長く付き合っていけるパートナー」と言い換えてみます。

残念ながら「運命の人がいつか自分に与えられるかも」と待ち続けているだけではそんな人は一向に現れません。もしいたとしても気がつかず、接点も持てず過ぎ去っていきます。

まず大切なことは、「自分にとってパートナーに求めるものが明確であ

る」ってことだと思うわ。とはいえ、「見た目が良くって、頭も良くって、性格も良くって、自分のことを大切にしてくれる人」なんて漠然と考えていてはいけません。

条件を増やせば増やすだけ、運命の人は現れなくなります。だって条件を増やすだけそれを満たす人間が減るわけですから。

大切なのは「自分にとってどうしても必要なこと」がわかっていること。それは実はそんなにないのよ。

自分の軸がはっきりしていないと、必要なものだけを取り出すことができないの。

たとえばアテクシにとってパートナーに求める大切なことは、「お互いのための最善策を、しっかり話し合って実行できる人」です。

これさえできればいろんな問題が起きても、ちゃんと二人で乗り越えられる。でも、他の条件がどんなに良くたって、これができなければ破綻する。

優先順位がつけられて、最低限必要なことは少ないほうがよい。これが運命の人をゲットするのに必要な「正しい考え」です。

じゃあもう一つ、正しい行動について考えてみましょう。いくら正しい考えを持っていても正しい行動ができなければ運命の相手は出てこない。たとえば、「運命の人なら勝手に結ばれるはずだから、出会いの場所には行かない」。これは間違った行動ね。

運命の人というからには、それまでの人生には出てこなかった人。そんな人に出会うためには自分の行動圏を変えなければ出会いようがないわ。

もちろん出会い系をやる必要はなくて、今まで気になっていてもやっていなかった趣味をやる。ジムに通ってみる。「相手募集中でーす」と信頼できる友人たちに宣言する……などでいいと思うわ。

また、いくら出会いを求めているからと言って、やたらめったら人とつながっているのも「正しい行動」ではないわね。友達以上恋人未満だけど、「この人は運命の人じゃないな」という人とつながっていたら、逆に他の人は寄りつかなくなるし、とりあえずの寂しさは満たされて運命の人を探すモチベーションも減ってしまうでしょう。

もちろん、「とりあえず寂しくないように相手がいればいい」というのが自分の考えであればこれでいいわ。

正しい考えと正しい行動を続けていれば、それに合致した成り行きが一定の確率で訪れます。それが運命の人ってことよ。

書くと運が良くなる！

「運命の人探し」ノート

あなたにとって「自分にFitした、長く付き合っていけるパートナー」はどんな人だと思いますか？

Q1 「自分にとってどうしても必要なこと」をあげてみましょう。

Q2 それを叶えてくれる人は
どんな人ですか？

こんな人が私の運命の人です❤

金運を上げる方法を理論的に考えてみるわ！

この調子でどんどんいくわよ〜。さて今度は金運について考えてみましょ。金運ほど「正しい考え」と「正しい行動」が結果を出す領域ってないのよ。ラッキーなイベントでふと入るお金があっても、正しい考えと正しい行動がなければ一瞬でなくなっちゃうから。

逆にラッキーなイベントがなくたって、正しい考えと正しい行動で地道にやっていればお金は入ってきやすくなります。

さて、いつものように「金運とは何か」について認知行動療法的に考えてみましょう。たまたま大金を拾うとか、くじに当たるとかは金運だけど、「あて

にはできない金運」です。

本当に金運がいいというのは「必要なときに必要なお金が手元にある」ということだと思うのよね。

お金があることの本質は、贅沢ができることじゃない。「人生の選択肢が増えること」なのよ。いざというときにお金がないがゆえにやりたいことができない。そういう可能性を少しでも低くすることが大切なのね。

では、その考えに従って正しい行動を考えていきましょう。必要なときに必要なお金がある、そのために必要な行動は何かしら？　わかるわよね。

まず無駄使いしないこと。

無駄使いというのは必要でないときにお金を使うこと。必要でないときにお金を使えば、必要なときにお金が足りない。当たり前のことです。

もうちょっと詳しくみていくと、「必要なとき」がちゃんとわかっていることが大切。そのためには、やはり自分軸が必要なのね。

たとえばアウトレットに行って定価より安いものが沢山あるとしましょう。だからといってやたらめったら買いまくるというのは無駄使いです。なぜならいくら安いものでも使わなければ意味がないから。

必要なもののなかから欲しいものを買うのならいいけど、必要なものがなければ買わない。これは自分のなかにちゃんとした考えがなければできないことなのよね。勢いで使わないものまで買っちゃえば、いつか必要なものが買えなくなるわけです。

そして、もちろんお金を稼ぐこと。

というわけで金運を上げる方法ってごくごく当たり前なことなのよ。

ハッピーになれるお金の使い方は？

ではもうちょっと正しいお金の使い方について考えていきましょうか。

無駄使いはダメといっても、生活必需品しか買っちゃいけないわけじゃないわ。**「それは私にとって○○の金額の価値があるかどうか」ってとことん考えてから買えばいいのよ。**

たとえば、アテクシは腕時計が好きなんですが、ある会社の時計はモデルを選べばのちのちたいてい値上がりしています。使わなくなったときに買い取ってもらっても値落ちしないばかりか値段が上がることもある。この買い方だと必要のない時計であっても無駄使いではないでしょう。

また、仕事で使うスーツをオーダーメイドで仕上げるのも、本人が納得すれば買う価値のあるハッピーなお買い物かもしれない。スーツを使わない人が買うのは無駄ですが、人前に出る仕事の人がよく似合うスーツを着れば印象が上がるからけっして無駄ではない。

音楽にこだわる人が、予算内で良い楽器を買うのも無駄な買い物ではないでしょう。滅多に予約の取れない高級レストランで予約が取れたら、その体験に何万円か払うのは、その価値があると思う人には価値がある。

お金というのは、あって当たり前のものじゃなく限られている。

何かを買えば、何かが買えなくなる。

それを十分わかった上で自分にとって優先順位の高いものにお金を払うのは問題がないと思うわ。

仕事運を上げる方法を理論的に考えてみるわ！

ここでは仕事運を上げる方法について書いてみます。

例によって「仕事運が良いとは何か」具体的に考えてみることから始めましょ。さて、仕事運が良いというのは、「仕事の成績が上がっている状態」だと考えられます。

たとえばお寿司屋さんだったら美味しいお寿司が提供できてお客さんが入っている。営業だったら営業成績が良い。ＨＰ作成だったら順調に注文が入っている……などです。

ではどうしたら仕事の成績が上がるかというと、

・良い結果を出せている
・組織から良い評価を得られている
・お客さんから良い評価を得られている
・定期的に仕事が入ってくる

ということになると思うわ。

そうすると、**仕事、組織、お客さんに誠実に仕事をすること。それに尽きると思うわね。**

返事は早く確実に返す。時間は守る。自分の責任で起きたことはちゃんと責任をとって対応する。信頼をコツコツ作ることが一番です。

ラッキーなことは、誠実にコツコツ仕事をしていればだんだん舞い込んできます。

恋愛運を上げる方法を理論的に考えてみるわ！

さて、お次は恋愛運ね。今回も同じように「恋愛運がいいというのはどういうことなのか」というところから考えてみるわ。

実は恋愛運の場合は、他の運よりちょっと難しいのよ。なぜかというと、

・人によって恋愛運の定義が変わる

・自分の努力だけでなく、相手あっての結果である

・縁とタイミングがある

からなのよね。

とはいえ、基本は同じです。このようなことに配慮して進めていきましょう。

まず大切なことは、アナタにとって恋愛運がいいとはどういうことなのかです。

たとえば、
「よくナンパされる」のがいい人もいる。
「長く続く」のがいい人もいる。
相手が途絶えないほうがいい人もいる。
優しくて、誠実な相手と恋愛できるのがいい人もいる。

アナタにとって何が理想の恋愛運なのかというのをちゃんと考えること。まずここが一番大事なのよね。

だいたい「わたし恋愛運がなくって」と言っている人の多くはここでつまずいていて、友人が「男が途絶えない」と言うとそれをうらやみ、「誠実な彼とうまくいっている」と言うとそれをうらやみ、「またナンパされちゃった」と言うとそれをうらやむの。

じゃあ、アナタはどうしたいの？って聞くと答えがない。

ただ、他人をうらやましがっているだけなんて話もよくあるわ。それじゃ何がしたいかわからないからうまくいきようがないのよ。

というわけでまず自分がどんな恋愛をしたいのかをちゃんと考えること。今回は2パターンぐらい考えてみましょうか。

①とりあえずモテたいA子ちゃん

A子ちゃんは、あまり目立たず、男の子がいる場所にいてもあまり声をかけられない。合コンに行っても明らかに人気ではないと自覚してしまいます。もっと男の子に

ちやほやされたい!

これがA子ちゃんにとっての恋愛運の上昇(正しい目的)なら、そのために必要な行動を取ればいいわ。

だから男ウケするファッションや清潔感を意識し、お料理などの特技を身につけ、運動もして健康的な体型を作る。あとはコミュニケーションを積極的にとったり、気配りができるようトレーニングする。笑顔を意識する。こういうところが正しい行動になるでしょう。

②ちゃんと本気、本命の人と恋愛したいB子ちゃん

B子ちゃんは、ボーイフレンドはいるけれど、恋人として付き合うことにはなかなかならないのが悩み。付き合うことになったとしても、長く続かない。長く続くような人と素敵な落ち着いた恋愛がしたい。

B子ちゃんにとっての恋愛運の上昇は「落ち着いた恋愛を長く続けること」。

そうすると、明らかな遊び人はむしろ近づけない、近づかない。

そして付き合うことになっても、恋愛に前のめりになり過ぎてうまく続かないことが多いから、自分の気持ちだけで進めず、相手の気持ちになって考えられるようにする。これが正しい行動よね。

とりあえず二つの例をあげたんだけど、恋愛のパターンは無限にあります。あなたの理想のパターンをできるだけ具体的に考えることが大切よ。

結婚運を上げる方法を理論的に考えてみるわ！

結婚運を上げるときは、恋愛運より実はもうちょっと考えやすいのよ（現実のハードルは高くなるけど）。目的が結婚というわかりやすいゴールだから。厳密にいうと「とりあえず結婚したい人」と「幸せな結婚生活を送りたい人」というタイプがいるかもしれませんが、普通は後者でしょうから、後者のパターンを考えていきたいと思います。

で、**結婚運が良くないと言っている人の多くは、恋愛の要素と結婚の要素をごっちゃにしていることが多いように思うのよ。**何がしたいのかよくわからなければ、「正しい考え」も持てず「正しい行動」も取りようがないわけ。

恋愛というのは波乱万丈のドラマティックな展開でもいいかもしれないけど、結婚はあまり波乱万丈では困るわけなのよね。

ドキドキできるのに越したことはないけれど、人生のパートナーなんですから、安心して一緒にいられる、落ち着いた関係であるほうが大切よね。

だから結婚運を上げるための正しい考えとは、

・長く一緒にいても疲れない人を見つける
・問題が起きたとき、ちゃんと相談できる人を見つける

になると思います。

そして、そのために必要な行動は、

・長くいても疲れない人、問題が起きたとき相談できる人に出会う

・自分も相手にとって疲れない人、相談できる人であろうとすることね。

前者の場合でも、きっと人格的に安定した人、落ち着いた人間関係が築ける人がいいと思うのよ。

そういう人に出会うのならば、盛り場やクラブなどは避けたほうがいい。誰かには出会えるだろうし、そのなかに運命の人は絶対いないとは言わないけれど、基本的にそういうところに行く人は、

「遊べる相手を探している」

わけですから。

だから、出会えても結婚には結びつかない可能性のほうが高いわ。そして、結婚に結びつかない出会いを楽しんでいる間は、

「結婚できるチャンスを遠ざけている」

のよ。

だからちゃんと婚活している人と出会うことが大切。いくら好きでも結婚する気のない人といてはいけないの。

結婚相談所を利用するか、知人に真面目な交際を求めている人を紹介してもらうかが正しい行動よ。

そして、相手にとっても自分が居心地のいい相手でなければ続きません。普段の友人関係でも、相手の気持ちを推し量ったり、相手の話を聞く耳を持ったりできるようにしておかないといけないわね。

居心地の良さというのは、「相手がある程度、自分のことを気遣ってくれる信用がある」ということなのよ。相手が何をするのかわからない人とでは、お互い居心地は良くならない。わかるわよね？

「うまくいき過ぎても大丈夫？」という不安について考えてみましょう。

さて、時々うまくいき過ぎると不安になる性格傾向の方がいます。こういう人って何も問題が起きてないのに「このままうまくいくはずがない」と勝手に不安になってしまう。

不安になることで神社巡りをしたり、お守りを買い集めてしまったりする人もいると思うわ。

でもねえ、世の中ってバランスは取れるようにできてると思うけど、**いいことが起きたらその分悪いことが起きるわけじゃないの。**

何度もしつこいようだけど、正しい考え方と行動を持てば、

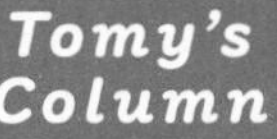

それにふさわしい結果が得られるだけなのよ。

もし、考え方や行動が正しくなければ、ビギナーズラックのような幸運がたまたま訪れたとしても、やがてそれは失われる。それを傍(はた)から見たときに、「いいことばかり続かないいんだ」って見えるだけなのよ。

たとえば、普段無駄使いしてお金を大切にしていない人でも、宝くじで大金が当たるかもしれない。

でも、無駄使いをやめなければ、その大金って一瞬で失われるのよ。それを見ていたら「いいことばかり続かないいんだ」って見えるけど、そうじゃないの。考え方や行動が正しくなかっただけ。

宝くじで大金が当たったから運を使い果たして次はいいことが起きないなんてことはないの。

いいことが起きたら、今自分は正しい考え方で正しい行動を取れていると思えばいいだけ。「間違ってない！」って思って前進あるのみなのよ。

3章

運を悪くする人の心のなか

を徹底診察！

ちょっとした
ことでも人って
簡単につまずくから
やっかいよね！

いつも運が悪い人に共通する三つのポイント

運が悪い人には大きく3パターンあるわ。

①自分の軸（方針）がない人
②考え方が正しくない人
③行動が正しくない人

まず、自分の軸がない人は、何が自分にとって大切かわかっていないからブレブレに動いてしまう。

たとえば、コツコツ効率的に勉強しなければいけないのに、ぎりぎりまで遊んでヤマをはったり一夜漬けしたりしようとする。今合格することが大切なら、遊ぶのは合格した後でいいのにそれができない。

結婚したいと思うのに、明らかに遊び目的の人と付き合ってしまう。遊び目的の人と付き合っている間は、真面目な交際なんかできないんだからうまくいくはずもない。

なので今までのまとめにもなると思うけれど、「自分の軸」ってとっても大切なのよ。

で、**自分の軸がはっきりしていても、それだけじゃだめなのね。それに対する考え方が間違っているとうまくいかない。**

たとえば、試験に合格したいのに、勉強をせず合格しようと考えるとか、結婚に結びつけたいのに自分の要求だけを満たす人を探そうとするとかね。

さらに、軸もはっきりして、考え方も正しいのに行動が間違っているパターンもあるわ。

たとえば「予備校に入るほうがいい資格なのに、独学で勉強しようとする」とか、「婚活をしたいのに、ほとんど利用者がいない相談所に入会する」とかね。この場合はたいていリサーチ不足だわ。

運を悪くしないためには、軸、考え、行動。**これらを常に確認することが大切なのよ。**

そのためには、定期的に未来予想図（54ページから）を書き出すことはとっても有効ね。

運が悪くなるときは、ネガティブがネガティブを呼んで雪だるま式よ

さて、「運が悪くなる（物事がうまくいかない）」とき、ネガティブな気持ちのスパイラルが起きていることがあります。これは言い方を変えるとスランプという言い方もできるわね。このスランプは、

うまくいかない

↓

何をしても自分はうまくいかないと思う

↓

自分に「きっと今回もうまくいかない」と暗示をかけてしまう

↓

不安が起きる

↓

うまくいかなくなる

↓

自分は「やはりうまくいかない」と確信する

という流れから出てきます。

つまり、負の学習効果というわけなのよね。これを抜け出すには、この過程のどこかを変えてあげる必要があるの。

シンプルに考えれば、「自分はうまくいかない」という思いを断ち切ればいいのよね。てっとり早い方法は、**うまくいかないときは間をおく**のがいいのよ。

こういう負の学習というのはちょっとした条件学習がなされているわけ。

たとえばパブロフの犬ってあるでしょ。ベルを鳴らすとエサが出てくる条件を学習した犬は、ベルが鳴るだけでよだれが出てくるようになる。

あれと同じで「自分はこれをやってもうまくいかない」って学習しちゃうと、できないという思いが強くなって結局できなくなっちゃうのよ。

間をおくという行為は、ベルが鳴ってもすぐエサが出てこないようにするのと同じ。一回頭から「うまくいかない」という思いを離すために、間をおく。しばらくすると「前あかんかったけど、まぁたまたまじゃないのかな」と思えるようになるわ。

そこで再チャレンジして、うまくいったらしめたものでしょ。

こんなときは要注意よ 運を悪くする感情別に処方箋を出すわ

ここでは「うまくいかない！」っていう状況を引き寄せやすい、よくある心の不調をみていこうと思います。

先ほども書いたように、一度ネガティブになってしまうと、なかなか切り替えられないという人もいると思うから、小さなモヤモヤやイライラの対処法をＴｏｍｙの処方箋として出しちゃうわ。

処方箋1 不安を感じているとき

不安を感じているときというのは、たいてい「また悪いことが起きるんじゃないか」「何をしてもうまくいかないんじゃないか」という思いが常に頭のなかにあります。実際、それが根拠がないとわかっていても頭から振り払えないのよ。こういうときは、視野が狭くなっていて、「様々な可能性」について考える余裕がなくなっているわ。だから**一旦考え事を忘れて、楽しいことでもやって、気持ちに余裕を持たせる**。これが大切なことね。

処方箋2　怒りを感じているとき

怒りというのは原始的な感情だといわれているわ。本来「怒る」ことによってその場で攻撃しなければいけない相手を攻撃するために湧く感情なのでしょう。でもアテクシたちは文明社会のなかにいますから、野生動物とは違って攻撃する必要はないし、むしろ攻撃しないときのほうがうまくいくわけです。

で、攻撃しなければいけないタイミングというのは、本来その瞬間だけのもの。だから、**ちょっと時間をあければ怒りは引くようにできています。**数分も続かないことが多いので、その場から離れて時間をおきましょう。

処方箋3 孤独を感じているとき

孤独というのは、言葉の幅が大きいのでここでは「さみしい」という感覚だと考えるようにしましょう。「さみしい」という感覚が出てくるときって、だいたい気分が落ちているときなのよね。

つまりさみしいから落ち込むのではなく、落ち込んでいるからさみしい。周りの環境は何も変わっていないのに、さみしくなる時期とそうじゃない時期があるはずなのよ。逆に言うと**感情の波みたいなものだから、ちょっと時間をおくだけでも大丈夫。**

あとは、いろいろ物事をやり過ぎると、脳の機能に余力がなくなってネガティブな感情が起きやすくなるから、**急にさみしさを感じるようになったとき**

は、活動し過ぎないことも大切ね。

処方箋4　人と比べているとき

人と比べているときは、いろんなことが楽しめなくなります。**なぜなら人が楽しいと思うときは、自分がどう感じるかに焦点を当てているときだから。**言い方を変えると「自分軸で動いている」から楽しいのよ。

これが人と比べるようになると、「他人と比べて自分はどうなのか」という視点で動いてしまうから、楽しくなくなる。まあ、ちょっとわかりにくいと思うので、たとえ話を入れてみましょうか。

たとえば、旅行をするとしましょう。本来は「自分が旅行したい」と思って旅行するわけだから、旅行を楽しめばいい。でも人と比べる人は、「他人は連休に海外に行っているのに、自分は近場」とか考えても仕方のないことを延々と考えている。これでは何も楽しくないわよね。

人と比べる考え方を変えない限り、本質的に楽しめないわ。たとえ自分が人と比べて「満足」できるような旅行をしたって、「ああ、この旅行なら誰もがうらやむような内容」と納得してほっとするぐらいが関の山。楽しみたいのなら、いつもの通勤を一駅先に降りて歩くだけでも充分に旅なのよ。

なので**「自分が楽しむ」「自分がやりたいからやっている」という発想が何をするにしても大切なのよね。**

処方箋5　執着しているとき

物事に執着することとは、ある程度は仕方のないことだと思うのよ。特に若いときは。生々しくあれもこれもと執着するから、生きるエネルギーが湧いてくる面も確かにある。だけどそれだけだと、そのエネルギーが自分を苦しめることにもなる。

簡単にいうと、執着はモチベーションにも苦しみにもなるのよ。だから**身動きが取れないぐらい苦しんでいるのなら、その根底にある執着をちょっと手放してあげるといい**という話なの。

で、執着していると、考えも感情もその執着していることにだけ向かってしまうのよ。そうすると、本来の考え方ができなくなるから「正しい考え方」ができなくなる。もう今までで散々語ってきたからおわかりよね。正しい考え方ができないと、正しい行動もできないから運が下がってくるというわけなのよ。

処方箋6　自分を好きになれないとき

自分を好きになれないと思っている人の最大の問題点は、「自分は何をしてもうまくいかない」って決めつけちゃってるところなのよね。

自分にネガティブな暗示をかけてるようなものなので、それは何をやってもうまくいかないのよ。

失敗したことだけを覚えているし、何をするにも「うまくいかないに決まってる」と決めつけているわけですから。かといって「自分が好き」っていちいち意識するのもちょっと違うのよね。

健全な考え方は「自分は自分。好きでも嫌いでもない」というぐらいなのよ。「自分が好き」っていちいち意識するときは、自分が嫌いなことへの反動かもしれない。根は同じところにあるのよね。

処方箋7 余裕がなく、焦りを感じているとき

余裕がなくて焦りがある。これは視野が狭くなっている状態よ。物理的にも視野が狭いと周りが見えないし、正しい方向もわからないわよね。つまり、正

しい考えも行動も望むべくもないわけです。

すると自分が望む結果も得られないから運も下がるというわけ。こういうときは、余裕を作って焦らないようにするしかない。**一番いいのは、一旦手を止めて、やることを減らす。全体を見ながらやるべきことを絞る。**っていうのが大切ね。

余裕がないときは一旦引くのが正解。遠くから見れば周りが見えやすくなるでしょ。

処方箋8　物事を損得勘定で考えてしまうとき

物事を損得勘定で考えるクセのある人の最大の問題は、「すぐ目の前の結果しか見えていない」ということです。

たとえばワガママを聞いてくれる人が目の前にいるからといって、ワガママを言いまくるとどうなるか。確かに相手はその場のワガママを聞いてくれるかもしれませんが、やがて疲れてアナタと関わらないようにしはじめるでしょう。そうすると目の前の損得勘定で動いたために、アナタは大切な友人を失うことになるのよ。

損得勘定だけで考えると、正しい考えを持つことができなくなるというわけなのよ。

処方箋9　後悔を抱えているとき

後悔っていうのは基本的に悪いものではないわ。

人間だれしも失敗もするし、「ああしておけばよかった」とも思うでしょう。ただ後悔は改善のために存在するのよ。後ろを振り返って前に備える。視線は前を向いている必要があります。

そうしないと、後悔のための後悔をすることになる。ひたすら過去を後悔してつぶやいているだけでは自己満足ですらあるのよね。だから**「あのときは後悔したから、今度はこうするわ。二度と後悔したくないわ」と明るく後悔すれば運も良くなるんじゃないかしらね。**

処方箋10 自分を責めるクセがあるとき

自分を責めるクセがある人の最大の問題点は「自分を責めることで何かした気分になってしまう」ことなのよね。責めるだけでは問題は解決しないから、ある意味問題と向き合っていないともいえる。

責めるだけで済ませてはいけないのよ。そこから次につなげていくことが大切よ。

運の悪さから抜け出すヒントはこの三つよ

悪いことが続くのは、たいていは偶然なんだけど、あまり続くと「自分は今は何してもうまくいかない」と思い込んじゃうわけ。思い込みの力って結構侮れなくて、

「自分ならできる！」と思えばできるものが、

「自分は今何してもうまくいかない」と、思い込むことでできなくなっちゃうことはざらにあるのよ。

こういうときは流れを切り替えるいくつかの方法があるわ。まず一つ目は、

「自分は今何してもうまくいかない」

というセリフのなかにヒントがあるわ。

わかるかしら？　ヒントは**「今」**という部分なのよ。

人間て、時間や場所に関連づけて考えるクセっていうのがあるの。悪いことが続くと思うときは「今は悪いとき」と関連づけているのね。だからこういうときは、物事を今から離す。

今やらなくていいことはやらないというのが一つの方法なのよ。ただ今やらないわけにはいかないこともざらにあるでしょうから、他の方法も教えるわね。

それは、**流れが変わったと思い込むこと**。

たとえば、「今日はいい日だった」とか、「昨日は悪い日だった」とか考えることってあるじゃない？

そして朝起きたら「今日はどんな日かな」って思うでしょ。これは無意識のうちに、一日という区切れ目を作っているのよね。

昨日と今日は流れが変わったと思い込んでるの。それと同じことを意図的にやればいいのよ。

たとえば今日はもうやらないことにして、明日に回すというのもアリね。明日は流れが変わると思えるでしょうから。

もしそれも難しいようなら、神社やお寺に行くのもいいかもしれないわ。「今神社に行ったから流れは変わった！」って思うことができるでしょ？

お守りを買うとか、不用なものを捨てるとかでもいいわね。こんな感じで、**流れを変えるための節目を自分で用意することも有効なのよね。**

あとは、結果を気にするのをやめることも大切よ。

「うまくいかなきゃいけない」って肩に力が入り過ぎるとうまくいかない。

ほら、なかなか寝つけないときって「早く寝つかないといけない」と思い過ぎるとかえって焦って寝つけないでしょ。こういうときは「別にちょっと眠れなくてもいいじゃん」って思っておく。そうすると逆に、気がついたら眠れていたりするものよ。

だから**「うまくいかなくてもいいじゃん」って開きなおっておくのもひとつの大切な方法。**

今あげた「節目を変える」「結果を気にしない」というのは、結局「流れに身を任せる」ことなのよ。

さて、
ちょっとここで
雑談
コーナー

「運のいい人を妬まない方法」を考えてみましょう。

運のいい人を妬むのは、いろんな意味でよろしくないのよね。まず、運がいい人というのは今まで何度も書いたように「正しい考えで正しい行動をした人」なのよね。つまり、他人から見て「いいなあ」って思えるときが来るまで、失敗もつらい思いもして、それでも正しい考えと行動に基づいてコツコツやってきた人なのよ。

たとえば、汗と泥だくになって温泉を掘っている人がいたとしましょう。その人が「温泉当てた！」と喜んでいるところを見たら「いいなあ」って思う。これが妬む人なのよ。

この人がいかにどこを掘ればいいのか研究して（正しい考え）、いかにコツコツ掘り続けてきたか（正しい行動）なんて見ちゃいないのよ。

運のいい人は決してラッキーなのじゃなく、ラッキーをちゃんと手に入れるべく、逃さないべく努力してきたからなのよね。逆に言うと妬むポイントなんて全然なくて、自分も目標に向かって正しい考え・行動をコツコツ積まなければいけない。

妬むことによって、運のせいにすることによって、目的から遠ざかってしまう。だから妬むことはよろしくないのよね。

これを避けるためには、自分がコツコツやるしかないのよ。妬むようなことは何一つない。**やるべきことをやってる人が運が良くなるだけだからよ。**

自分を好きになるというのはあるがままの自分を認めることなの
エ？
自分を好きになれるように努力するんじゃないんですか…？
あるがままを認める？
自分が好き好きって思っている人は
自分だーい好き！
……
自分が嫌いという裏返しってこともあるのよ。
ニャンと!!
だから「自分が好きじゃなくてもいい」って思うところから始めてみて
なんか気がラクに…
欠点のない人なんていない。
欠点もあなたの一部なんだからそのままの自分を受け入れてあなたらしく生きて
はいっ

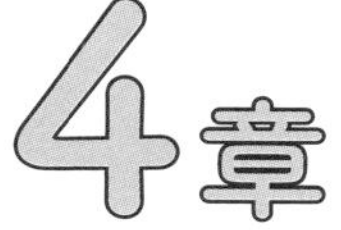

4章

Tomy流 幸福論

人生をハッピーに変える方法

スマホばかり
見てないで
自分の心のことも
見るといいわよ

自分の人生や幸福感についてちゃんと考える

さて、なんとなく生きてるとあっという間に時間が過ぎていくわ。目の前のやることだけに追われていても、自分が使える時間は決まっている。それはそれでいいんだけど、それが原因で後悔するのは嫌じゃない？

だから時々自分の人生や幸せについてちゃんと考えておいたほうがいい。

これはいつも変わるものだから、時々ね。アテクシは一人で住宅街を散歩しながらそういうことを考えるようにしているわ。

いろんなアパートやマンション、一戸建て。そこにはそれぞれの住民の人生があって、それぞれの道を歩んでいる。もしここのどこかにアテクシが住む人生があったとしたら、それは一体どんなもんだろうかって考えてみる。

自分の人生は一回しかないし、今というタイミングも今しかないからね。そして考えるときに大切なのは、

自分の頭で考える
自分に問いかけてみる

という作業なのよ。

いくらテレビや雑誌、ネットで「こんな生き方を求めている人が増えている」「○○な生き方が時代の流行り(はやり)だ」なんていっても、それがアナタにとって幸せなのかはわからない。**シンプルな生き方も、ごちゃごちゃした生き方も、執着のない生き方も、執着の多い生き方も、アナタがそれで幸せと感じるならばそれでいいの。**

人生を振り返ってこれからどう生きたいのか考える。これが大切なのよ。時には「答えがわからない」ってときもあるかもしれない。そのときはそれでいいの。少なくとも、自分の人生を自分で考えていると自覚できればそれでいい。

自分のなかの愛を育てるって人生を良くするのよ

愛の定義ってめちゃくちゃ難しいし、人によっても違うわ。でもこの本は愛を語るのが目的ではなく、いかに自分の人生を良くするかがテーマなのだから、それに伴って必要な「愛」を考えてみましょう。

その前に、自分のやりたいことや、自分の欲しいものも大切なんだけど、それってだんだん人生後半になると重要じゃなくなるのよね。

なぜかっていうとだんだんやりたいことは経験してきてしまうし、ものや金に執着してもあの世には持っていけないって気がついてしまうからよ。

そうすると自分のやりたいことや欲しいものというのは、あまり自分の人生の後半をより良くはしてくれないの。

代わりに良くしてくれるのは周りの人間の笑顔なのよ。**つまり、周りの人間が楽しそうにしていてほしいと願うことが「愛」なんだと思うのよ。**

そうすると愛を育てるためには周りの人間がどうしたら楽しそうにしてくれるか、ありていな言い方をすれば「笑顔になってくれるか」それを考えていくことが大切なのよ。

ここで**重要な概念となるのが「使命感」なの。**

「自分はこのために生まれてきたんだな」という感覚が使命感。それを育てるには、いろんなことにトライする。自分が誰かの役に立てることを探すという道のりが大切で、これこそが愛を育むことなんだと思うの。

たとえば仕事やライフワーク、ボランティア、子どもや孫を育てること。何かを継ぐこと、継がせること。それを意識して生きていく。

自分という個体の利益だけを追い求めていっても限界は来るし愛は広がらないのよね。

自分の「好き」という気持ちがわからない人へ

自分の幸せを考えるときも、自分軸を持つにも、自分の「好き」を知ることが大切。なので、ここで「好き」という気持ちを持つ方法を考えてみましょう。

「好き」というのは本来理由もなく自然に出てくる感情なのよ。でも「好き」という感情を持ちにくい人もいる。そういう人は「〇〇だから好き」と、なんとか理由をつけて好きだと思おうとする。でも「〇〇だから好き」という考え方は本来ならば好きとかではなくて、「役に立つから」「便利だから」「都合がいいから」に近い考え方なのよね。

全く都合が良くなくても、場合によっては自分に迷惑をかけることがあって

も「好き」は好きなんです。

さらに、好きという感情を持ちにくい人は、この「〇〇だから好き」を自分にも当てはめようとしてしまう。「自分が優秀じゃないと好かれない」「自分の見た目が良くないと好かれない」「自分が誰かの役に立たないと好かれない」という考え方になってしまうのよ。

この考え方だと、とても生きづらくなってしまう。常に自分が優秀かどうか、見た目がいいかどうか、自分が誰かの役に立っているかどうか気にし続けなければいけないからよ。

だから、「好き」という気持ちを知ることはとても大切。

一番良い方法は日ごろから「これは好きかどうか」自分で即答するクセをつけることよ。**小さな好き嫌いがわかっていれば、好きという感覚が磨かれるようになる。**何事も積み重ね、積み重ね。

心のアンチエイジングを常に心がける

アテクシいつも思うんだけど、見た目のアンチエイジングってそんなに大切なことなのかしらね。そもそもエイジングって、わざわざエイジング加工って言葉もあるぐらいだから決して悪いものじゃないと思うの。

もちろん年齢以上に老け込んでいたら「疲れているのかな」「余計な苦労してるのかな」と心配にもなっちゃうけれど年齢相応の老け方ってそんなに悪いことじゃないと思うのよね。

んで、**アテクシ見た目よりむしろ、内面のアンチエイジングのほうが大切じゃないかと思うのよ。**

ほら綺麗(きれい)に年取ってる人って、見た目よりも感性や感情が若々しいじゃな

い？

だから内面、心のアンチエイジングっていうのを唱えたいと思うのよね。

じゃあ心のアンチエイジングって何かというと、「何事にも興味を持てる」「新しいことを始めたいという気持ちを持っている」「毎日のなかで新しい発見を感じ取れる」ってことだと思うのよね。

内面が老けてくると喜怒哀楽がのっぺりした感じになって、毎日が同じことの繰り返しのように感じられる。結果として、何事にも興味を抱けなくなるという特徴があるの。これでは運もどんどん悪くなるわよね。この状態を変えて、心のアンチエイジングをする方法について考えてみたいと思います。

一番大切なことは、**日々のなかで、自分に何か変化を与え続ける**ってことだと思うのよね。

ここでポイントとなるのは、

環境
体験
人
の三つよ。

まず定期的に環境を変える。引っ越しする、職場を変える、などの大きな変化ももちろんいいし、そんな大げさなことじゃなくても部屋の模様替えをする、大掃除をする、通勤・通学路を変えるという方法もあるわ。

ちょっとでも環境を変えると、脳に新しい刺激が入る。それが心を若くするのよ。

そして体験、**特に新しい体験は心のアンチエイジングに大きな効果があります。**まだまだやったことのない体験をしてみる。たとえばジムに入る、新しいスポーツを始める。旅行に行くのも、とてもいい。サークルやボランティアもいいわね。

そして、新しい人間関係。アテクシの持論ですが、「美味しい食べ物と素敵な人間との出会いは、いつまでたっても飽きない」と思うのよ。**いつまでたっても飽きないということは脳に新しい刺激が入るということです。**友達や恋人を作ることももちろんいいことだわ。

環境、体験、人を通じて脳に新しいデータを入れることが大切ってことなのよ。

メンタルを鍛えることでだいぶラクになれるのよ

メンタルを鍛えるという言葉をもうちょっとかみ砕いてみましょう。それはストレスに強くなる、もっと言えば「いつでも精神状態を安定させられるようになる」ということだと思うのよね。

で、精神状態を安定させるには大きく二つの方法があります。

①ストレスを減らすよう調整する
②小さなストレスに慣らしておく

なるべくストレスのない状態を作っておけば精神状態は安定するけれど、それだと小さなストレスにも耐えられない状態になってしまうわ。とはいえ、ストレスの多い環境では自分が摩耗してしまって、これまたストレスに弱い状態になってしまいます。

普段はなるべくストレスの少ない状態をキープするよう工夫して、ただ小さなストレスには日ごろから対処できるようにしておく。このバランス加減によって「メンタルが鍛えられる」のよ。

たとえば、

・LINEの返事が気になって仕方がないときはスマホをしまい込んで決まった時間だけチェックする。
・疲れがひどいときは、今日やるつもりだった雑用を明日に回す。
・なんとなく気分が晴れないときは、少し散歩をする。

そんなふうに、日常的に起きうる小さなストレスは自分なりに減らす方法を用意しておくの。

Tomy流ハッピーの育て方

幸せの育て方。まずこういう観念的なものは、具体的なものに落とし込むところから始めるのよ。今回の本で首尾一貫してこの方法をとっているんだけどね。

さてじゃあ「幸せとは何か」ってところから始めるわけだけど、ぶっちゃけ「幸福論」みたいになって突き詰めれば深いテーマになっちゃう。ここでは実践的な方法を考えたいので、もっとシンプルにいきたいと思います。

幸せというのは「満たされて日常が送れている」ということだと思うのよね。この満たされている場所というのは人によって違うのよ。

だからまず自分にとって満たされたいものの優先順位がつけられることが大

切なんだと思います。

幸福を感じるためには、すべてのことが満たされている必要はないわ。

一番大切なものが満たされていれば、多少うまくいかないことがあっても幸せに感じられるものなのよ。

なので**一番大切なことは、自分にとって何が満たされたいのか書き出すことね。**たとえばアテクシにとって優先順位の第一位は、

大切にしてくれる、大切な人がいることなのよ。

あとは健康、みんなが読んでくれる文章が書けること、仕事が安定していることね。

で、書き出したものが、もしまだ手に入れられていないものだとしても、幸せにはなれるのよ。そのために必要なことは、

自分にとって大切なものを手に入れようと動いていること

なの。**大切なものをすでに持っていればそれを大切にする。まだ持っていなければ持とうと目標を持って動く。**

この二つがあれば幸福を感じることができるわ。あなたはどうかしら？

満たされたいと思うこと（大切にしたいこと）を書いてみて。

・例／毎日自然を感じられる環境で生活すること

・

・

・

・

・

いくつか書いたら、優先順位を考えてみましょう！

5章

運がどんどん良くなる人間関係

運のいい人たちと
お付き合い
したいわよね！

人付き合いは運を左右する？

人付き合いによって運が変わるということは充分に考えられるわ。なぜかというと、**人付き合いによって考え方や行動が変化するから。**

今までも定義づけてきたように、運というのは正しい考えと行動によって形作られますから、ここが変われば当然運も変わっていくというわけなのよ。

また、考えや行動が変われば周りの人間が変化していくということも当然考えられるのよね。

こんな人と仲良くなろう

どんな人と付き合うと運が良くなるかという**一番手っ取り早いサイン**は、

「その人と行動するようになっていいことが増えたかどうか」なのよ。

もし関わるようになってからろくなことが起きていないなと思ったらちょっと状況をよく見なおしてみたほうがいいかもしれないわ。

チェックすべきポイントはやはり相手の考え方や行動ね。自己中な人や、モラルのない人と関わると自然と自分もそれでいいんだと考えてしまう。もしそういう考えを受けつけないのであれば、きっとその人といても楽しくなくて遠ざかってしまうと思うのよね。

誠実な人や真面目な人なら、自分も誠実でありたいと思うようになるでしょう。相手がどんな人かっていうのはとても大切なポイント。

こんな人とは距離をとろう

考え方や行動に難がある人はやはり距離をとったほうがいいわ。そのなかでも代表的なパターンをいくつかあげてみましょう。

・自分さえ良ければいいという人

自分さえ良ければいいという人は、アナタもそのわがままに利用される可能性があるし、一緒にいることで「まあそれぐらいいいよね」ってだんだんアナタ自身の考えも影響されてきます。

たとえば浮気するのが平気という人のそばにいると、自分もそれぐらいいいんじゃないかと思うようになってしまう。浮気する人の考えや理屈ばかり聞かされるからなのよね。そうすると周りの人間は離れていく可能性があるわ。

・アナタの思考を奪う人

「アナタにはそれはできないから」などと言う人、「それは私がやるから」と言う人は要注意です。

こういう人は自分で考えて行動しようとすることを妨害してしまう。もし代わりに何でもやってくれたとしてもあまり近づかないほうがいいわ。共依存の関係になりやすいからです。

こういう人には気がついたら「私はこの人なしではやっていけない」と思い込まされてしまうことが多いので余計危険なのよね。それは一種の洗脳だし、依存でもある。ちゃんとした人はアナタの思考を奪わずにサポートしてくれます。

「もしアナタがそう思うのなら、私はそれを応援したい」。こういう態度の人はとても素晴らしいわ。

運を良くする人とはずっとうまく付き合いたいわ

他人との関係をうまく続ける方法で大切なのは、二つね。

一つは**「自分が相手だったらどう思うか」という観点**です。これが大切なのは誰でもわかると思うわ。でも意識していないと意外と忘れちゃう。仲良くしていたはずなのにいつの間にか疎遠になるパターンはだいたいこれなのよ。相手は気遣ってくれているので自分は「この人といると楽しい！」と思うんだけど、それに甘えてしまって相手が楽しく過ごせているか考えられていない。そうするとだんだん一緒に過ごしてくれなくなるわけです。

もう一つは**「相手がどんな人間か」という分析**です。

相手は自分と同じ価値観を持ったり、行動をしたりするわけじゃない。自分が出不精でも相手がお出かけ好きかもしれない。相手はリードするのが好きでもリードされるのは嫌いかもしれない。自分は予定をしっかり決めて動くのが好きだけど、相手はその場のノリで気軽に動くほうが好きかもしれない。

相手がどんな人かを考え、配慮するとたとえそれがずれていたとしても、「ああ、私が快適なように考えてくれているんだなあ」というのは伝わり、関係性は良くなっていくのよ。

関係が壊れるときってこの逆をしているときなのよね。相手の立場に立って考えられない人は、他人と何か問題が起きたときは「相手が悪い」としか思えなくなる。相手がどんな人間か考えられない人は、相手の言動が期待通りじゃないと容認できなくなる。だから続かないのよ。

家族やパートナーのネガティブに影響されるのは困るわね

パートナーが愚痴っぽい、母親がいつも心配ばかりしているなど、**身近な人がネガティブな場合は、「ネガティブなときは近づかない、反応しない」を徹底するといいわね。**

ネガティブなことを口にしたら反応を薄くする、近寄らなくする。ポジティブなときは反応を良くする。条件反射的に行動することによって、相手に「望ましい行動」を促す方法よ。

そしてネガティブなときは「ネガティブなことを言われるのは好きじゃない」ってはっきり言うことも必要だわ。これを繰り返せば少しずつマシになってくると思うわ。相手も一緒にいるアナタと居心地良く過ごしたいと思うはず

だから。

「身近な人の運も良くしてあげたい、ポジティブになってほしい」って思うなら、これは意外と簡単。

正しい考えと行動が運を良くするわけですから、それは他人にも当然有効なのよ。だから、「こういう風に考えたらうまくいくんじゃない？」「こうしてみたら？」とアドバイスしたらいいのよ。

自分のことより他人のことのほうが冷静に見られる分だけ、もっと的確なアドバイスができると思うわ。ただそれを受け入れてくれるかどうかは本人次第なんだけどね。相手がその姿勢になっていないと、ゴリ押ししても逆効果になるわ。**「私はこう思うけど、どうするかはアナタが決めればいいのよ」。このポジションが大事よ。**

相手の行動は変えられないから、「相手に考えてもらう」という姿勢が大切なのよ。

運を落とす嫌いな人の対処法、許す方法

嫌いな人の対処法は、一番手っ取り早いのは近寄らないことなのよ。
当たり前のことなんだけど、世の中には嫌いな人なのに無理やり仲良くなろうとか、近づこうという人が時々いるのよね。

でもそこで何かを得られることって実はあまりないのよ。「嫌い」って思いを感じているだけでも運を落としそうじゃない？

「みんな仲良く」とか「話せばわかる」的な価値観の弊害だと思うのよね。実際には決して相容(あいい)れない人っているし、そういう人とは近くにいるだけでお互いが摩耗してしまうわ。

それに話せばわかるっていうのはある意味の傲慢(ごうまん)さでもあると思うのよ。自分は理解ある人で、相手が間違っているという前提があるわけだから。相手の拒絶する権利も認めることって大切だわ。

さて嫌いな人を許す方法なんだけど、今好きな人を固めて自分の人間環境を良い方向にすることに専念するのが一番いいわ。**許すというより「どうでもよくなる」ことが一番いいの。**

自分の周りの好きな人と時間を過ごしていれば嫌いな人のことはだんだん自然と意識しなくなる。

それでいいのよ。許す必要すらないと思うの。

運の上がるパートナーの見つけ方を教えるわよ

ここで何度も出てくる運を良くする基本「正しい考え方」と「正しい行動」という観点から考えれば自然と答えは出てくるわね。それは自分に正しい考え方と正しい行動を与えてくれる人かどうかということなのよ。

だから、**自分が困っていることのアドバイスを聞いてごらんなさい。その答えが的を射たものなら、相手は運の上がるパートナーということができる**と思います。

しっかりとした考えにもとづいてアドバイスをくれるかどうか、ということね。これが投げやりだったり、感情的だったりするときは要注意。

あとは、パートナー本人が正しい考え方と正しい行動で動いているかどうか。行動パターンは影響を受けるから、**相手が運の上がる考え方と行動をしているのなら自分にもその影響が出てくるわよ。**

たとえば相手がストレスがあればお酒やギャンブルに逃げてしまうとしましょう。ストレスがあるときに依存に逃げるのは正しい考えでも行動でもない。依存度が増え、自分の問題に向き合うことを避けてしまうから、状況は悪くなるばかりよ。

もしそういったパートナーだったら、アナタも何かあったときにお酒やギャンブルに依存してしまう習慣がつくかもしれない。そうなると当然アナタの運も下がってくるわけよね。

こういうことなのよ。

あともう一点。運を上げる人というのは、自分の力で考えるように言ってくれるはずです。「君はダメだから俺に任せろ」「俺の言うとおりにすればいい」なんて言う人はいくらしっかり者に見えても危険。

なぜなら運を上げるためには正しい考えが必要で、それはつまり最低限「自分の頭で考える」という前提があるからなのよ。いくら正しい行動をすることができたとしても、そこに自分の考えがなければいずれ物事はうまくいかなくなります。

運を上げてくれるパートナーはきっとこういう言い方をするでしょう。「それは僕ならこう思うし、こうしたほうがいいと思う。だけどアナタが決めればいいことだと思うよ」と。

あなたの考えを尊重するという態度が大切なのです。

本当の友達ってどんな存在かしら？

本当の友達って定義は難しいけれど、アナタが自然と「友達だ！」と思えてつながることができるのなら、それは本当の友達なんじゃないかしらねえ。

友達はパートナーと違って、どれだけいてもいいし、付き合い方や相手に求めることも幅広いと思います。

まず、**この「幅広い」ってことがとっても重要で、あんまり「本当の友達はこうじゃないと」と思うとかえってできなくなると思うのよ。**

ただ、「一緒にいて楽しくないけど、メリットがあるから付き合う」というのだけはやめたほうがいいと思うわ。

それはそもそも友達じゃない。友達というのは一緒にいて楽しければそれでいいのよ。

「○○だから付き合う」っていうのは、相手を大切にしていないし、そういう交際は自分も大切にされない。

時間は限られているので、いざというとき「本当に支えたい」という気持ちも湧かないような人とはつながっていても仕方がないと思うわ。

また、「本当の友達が必要」と思い過ぎないことが大切よ。本当の友達なんて数多くは得られないものです。本当の友達という概念に縛られるとかえってうまくいかないわ。

6章

今すぐやりたい！
運を上げる
Happy Action

日常のなかで
運を良くする
習慣って
たくさんあるのよ

一日一個、何かを変えてみる

運を良くする方法には「正しい考え」と「正しい行動」。

何度も言ってきたことだけど、これって自然にできてるときはいいけれど、そうじゃないときは結構気合のいることなのよね。

なぜかというと、正しい考え方ができなくなっているときは小さな考え方の歪みがだいぶ積み重なってしまっているときなのよね。それをいきなり変えることは難しいから、日ごろから小さく変える習慣を身につけておくというのも一つの方法です。

というわけでアテクシが今回提唱したいのは「一日に一個、何かを変えてみる」という方法よ。

たとえば「一日に一個、いらないものを捨てる」でもいい。

30分早く寝るとか、仕事から帰ったら他の仕事はやらないとかでもいい。

Action

今の自分をよく考えて、もっと良くなるかもしれないと思うことを始めてみる。あるいは必要のないことをやめる。

常に変わろうとすることは正しい考えと行動の一つなのよ。

一日一幸せ運動

さて他にも提案してみるわね。一日一幸せ運動。

人間って知らず知らずのうちにいつもあるものを「当たり前のものだ」と思ってしまう傾向にあるわ。でも**実際には「これって実は幸せなものよね」ということが隠れている**。それを見つけてもらうために一日に一回、「これって幸せだよね」というものを探してみるの。

これを繰り返すと、頭が柔軟になっていろんなものを見つけ出せるようになります。柔軟な考え方というのは「正しい考え」を作るのに必要不可欠なものなのよね。60ページの「毎週10個自分の幸運を書き出す」のも簡単にできるようになるわ。

イライラしたら優しくする

さて、物事は小さなうちから対応するというのが基本です。というわけで「イライラしたら優しくする」という方法もご提案。

イライラをため込んだり、気がつかなかったりすると、知らないうちに大きなストレスや体調不良につながるわ。しかも事が大きくなると何が問題なのかさっぱりわからず、どこから手をつけていいのかわからなくなってしまう。そうならないためにも、イライラしたなと思ったらその場で誰かに優しくする。

Action

優しくすると、自分のムードを切り替えられます。イライラしながら人に優しくはできない。条件反射的に「イライラしたら優しいことをしよう」と思えばこまめに消火作業ができるのよ。

たとえば仕事で誰かに怒られたのなら、誰かに道を譲る、ゴミを拾うなどしてみる。**いいことをすると心に余裕ができるのよ。**試してみてね。

自分へのご褒美はご利益あり！

自分へのご褒美というのはストレス解消に大変有効です。

小さなもの、大きなもの、こまめにできるもの、気合を入れてやるもの、なるべく多くのパターンを用意したほうがいいわ。これは同じご褒美を何度も自分に与えていると、あまりご褒美な感覚がなくなってしまうから。

Happy

普段から自分が喜ぶ物事を探っておく習慣を身につけましょう。ご褒美を与えてストレスを減らせば、気持ちや考え方に余裕が出てくるわ。視野が広がる分、正しい考え方を持ちやすくなるというわけです。

心が元気になる休日の過ごし方

心を元気にするという観点から考えると、休日は「ちゃんと休む」ことが大切ね。休日だからといって、あちこち遊びに行ったり、みっちりしたスケジュールにしてしまうとちっとも休みになっていないわ。

休みというのは、頭を使わないことだということを理解しましょう。

もちろん、みっちり遊んでもいいんだけど、心身を回復させる休みの時間もちゃんと作っておくことが大切です。

Action

連休なら、仕事が始まる前日は予定を入れないようにする。出かけるときは夜早めに帰るなどの工夫が必要だわ。

よく眠り、楽しく食べる

睡眠というのは充分に取ることが大切ね。ただこの「充分に」というのは**本人にとって充分な眠りであればいいわ**。人によって必要な睡眠時間は違うし、時間が短くても深く眠れれば問題ないこともある。目安としては、日中眠気がこずに一日活動ができていれば充分な睡眠が取れているといえます。

あと、あまり睡眠にこだわり過ぎないことも大切。「もう寝なきゃ」とか「ちゃんと良質な眠りが取れるだろうか」と意識し過ぎると、かえって睡眠の質が悪化することもあるからよ。

Happy

普段から日常生活の小さなストレスをこまめに逃がしてあげる生き方がいいわね。

食事も三食栄養バランスを取ることはもちろんだけど、**食事が楽しみで美味しいという感覚も残しておくといいわ。**

運を良くする身だしなみとファッション

身だしなみって結構大切なのよね。特に清潔感。清潔感が保てるということは生活が安定して、体調が良いということを示す記号でもあります。**周りも清潔感のある人を見て、「ああ、この人は健康的に生きているんだな」と理解するわけ。**だから身だしなみを清潔に保つって大切なのよ。

たとえば、何かいい話があって、AさんとBさん、どちらかに頼もうと考え

Action

ているとしましょう。で、Aさんは身だしなみが整っているけど、Bさんはいまいち清潔感がないとします。そうすると仕事を頼む側としてはAさんに頼むわよね。安心感があるから。

というわけで、より周りの好感度が上がったほうが、良いチャンスが訪れる可能性が上がる。だから身だしなみを清潔に保つというのは運を良くするともいえます。

ファッションについてはＴＰＯをわきまえるということが大切。

完全にプライベートで好きな恰好をすることは問題ないし、自分のテンションも上げるでしょうからいいと思うんだけど、初対面やビジネスの場ではふさわしくない。

もしそういった場所で奇抜なファッションをしていたら、いくらアナタが素敵な人でも「常識の通じない人なんじゃないか」と思われてしまう。そうすると次につながらないので、**やはり運を左右するともいえるわね。**

運が良くなる運動

運動習慣というのは、それ自体もやり過ぎなければ健康にいいもの。だけど**運動習慣があるゆえの副効果も大切なのよ。**

ではそれについて考えてみましょ。まず運動習慣があるということは、運動のパフォーマンスを上げるために、睡眠や食事、規則正しい生活について自ず(おの)と意識することになるわ。それにより心身ともに健康的な雰囲気が出てくるようになる。

これが好感度を上げ、周りに人が集まってくる可能性を高めるわ。だから好きな運動があるのなら、なんでも運を良くするともいえるわね。

Action

音楽、映画、芸術は縁を結んでくれる

音楽や映画、芸術というのは様々な効果があります。一つは娯楽として自分を楽しませることができる。もう一つはコンサートや映画館、美術館などに行く習慣もつくので、定期的に出かけたり休日を豊かに過ごす習慣ができる。

そして同じ音楽や映画、芸術が好きな人同士がつながる機会になる。人と人がつながるということは、それは縁になりますから。


さて、ここまで日常でできるハッピーアクションを九つお伝えしてきました。でも、九つって、なんだか中途半端じゃない？　最後の一つのハッピーアクションは、ぜひ自分自身で考えてみて。

自分を幸せにする行動って何かしら？

お悩みQ&A

運を良くするクリニックへようこそ

ここでは
「人生行き詰まってる！」
という方たちからの
お悩みに応えていきたいと思うわ。
さ、最初の方どうぞ～。

【お悩み1】
ずっと何もやる気が起きないのですが、運のバイオリズムでしょうか？

運のバイオリズムというものは医学的にはありません。ただ感情の波というものはあります。

もちろん環境によって感情は変わるのですが、それとは別に何でもやりたくなるテンションの高い時期と、何もやる気がせずネガティブになるテンションの低い時期というのはあります。

これは誰にでもあるものですが、あまりこの波が大きくて日常生活に影響が出ると躁うつ病という精神疾患の可能性もあります。躁うつ病は双極性障害という名前もありますが、ほぼ同じものです。

日常生活に影響が出るようなものでなければ、やる気のない時期は何もやらずにゴロゴロするのがおすすめね。たまに「これではいけない」と気合を入れるためにあえて色々やろうとする人がいるけど、それはやる気のない時期を深刻化、長期化させるだけなのでやらないほうがいいわ。

考え方としては、

人間が使えるエネルギーは決まっている

としたほうがいいと思います。エネルギーは決まっているから、使った分だけ摩耗する。なので、実はテンションの高い時期、やる気に満ち溢れた時期も動き過ぎちゃだめなのよ。感情の波の大きな人は、

元気なときに動き過ぎる

←反動でやる気がなくなる

←元気が復活したときにここぞとばかりにさらに動き回る

←反動の落ち込みがひどくなる

といった具合に自ら波をひどくしちゃう傾向があるのよ。こういう場合は、元気なとき、やりたいことの半分ぐらいに抑える

←やる気のない時期が短くなり、程度も軽くなる

という風にもっていくのがいいと思うわ。

次の方どうぞ～。

【お悩み2】転職するたびに変な会社で辞めたくなります。転職運を良くするには？

転職って、運の要素もあるけれど、それだけじゃないのよね。自分からすれば、「良い職場」を探して転職するんだけど、企業からすれば「良い人材」を求めて転職を受け入れているわけです。

ここがミスマッチだと転職しても失敗するわ。一番多くの転職の失敗は、「自分がこういう感じで働くつもりだった」ということと、企業が「人材にこう働いてほしかった」ということがずれていることから起きるのよ。

なので**転職をする際に、企業側がどういう人材を求めているのか、それに自分は応えられるのかということを充分情報収集して検討することが大切。**あまりこの辺を考えないと、転職時に「採用してもらいたい！」という気持ちだけが優先されて大切なことを見落としてしまうのよ。

最悪の場合、「前いたところのほうが良かった」ってこともあるわ。転職するとなると、どうしても「新しい職場は素敵、今の職場は最悪」という気持ちになりやすいから、ちょっと冷静になることが大切ね。

じゃ、次の方どうぞ～。

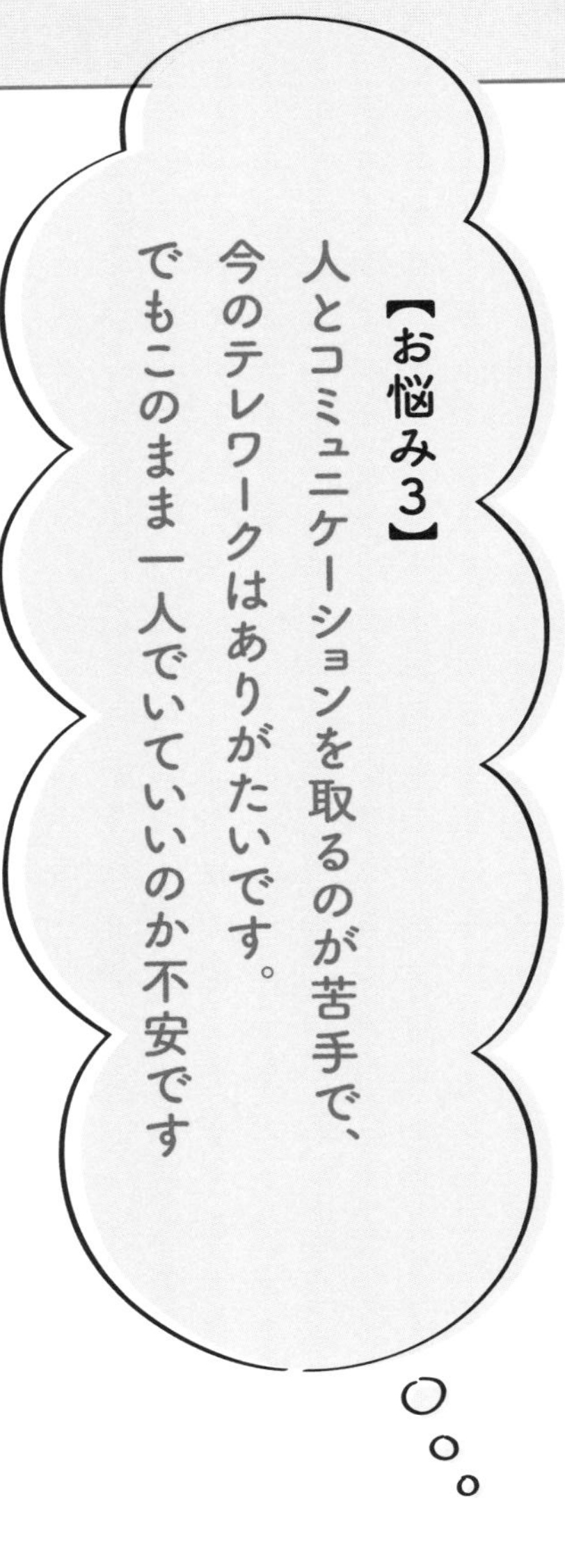

まあ、今がラクなら今の環境で慣れておけばいいんじゃないかしらね。
基本的に他人とのコミュニケーションって、多く必要としている人とそうじゃない人がいて、自分にとって心地良いぐらいの付き合いでいいと思うのよ。

そもそも人間って情報量が多いですからね、沢山の人間と付き合うと疲れて当たり前なのよ。そして情報量の多い存在であるからこそ、ずっと良い友人でいられる数って一人とか二人とか多くても数人ぐらいなものよ。

だから「多くの人間とコミュニケーション取らなきゃ」なんて思わなくても大丈夫よ。それができる人もいるけど、ある種の才能だから。苦手なことを無理にやらなくてもいいわ。

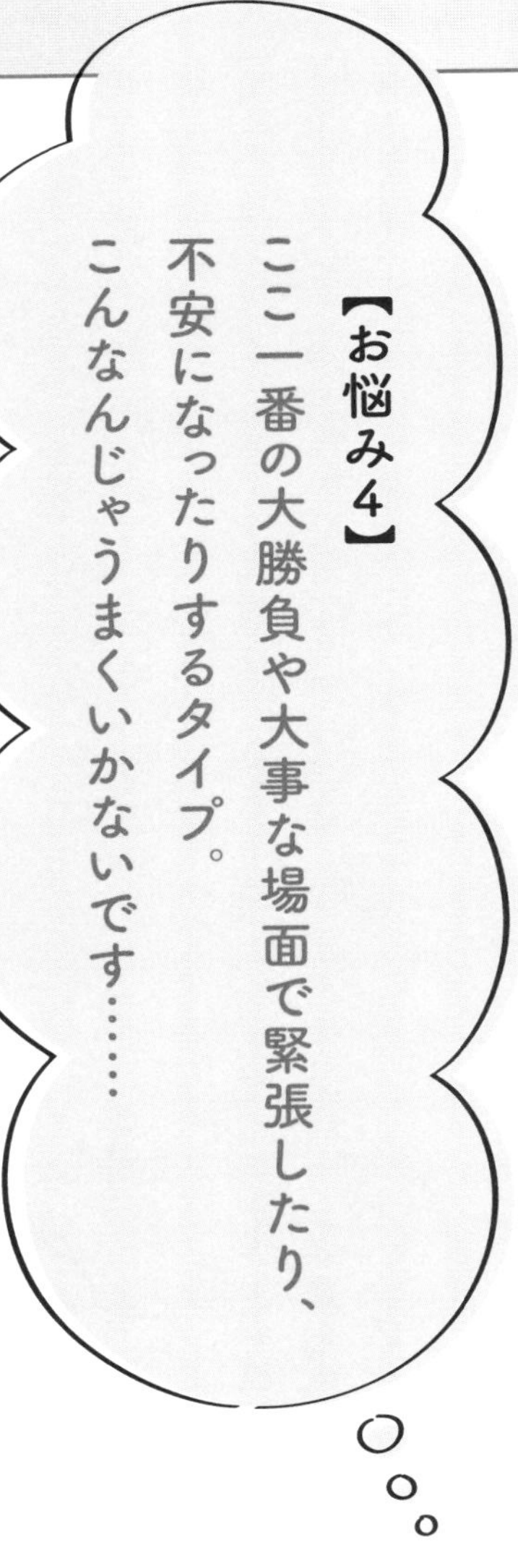

ここ一番のときなんだから緊張したり不安になったりして当たり前じゃない？　誰だってそんなものよ。でも緊張したり不安になったりするからうまくいかないとは限らないわ。**大切なことは「どんなに緊張する場面もやがては終わる」と理解しておくことね。**

あと、ここ一番のときを減らすということも有効だわ。つまり、沢山そういうチャンスを作って、大切な場面を集中させないということね。たとえば就職活動の面接は大切なことだけど、沢山面接をこなせば「ここ一番」の重要度は下がってくる。要は数をこなして慣れるということね。

ただ社会不安障害という精神疾患があります。これは不安障害の一種で、人前に出ると激しく動悸（どうき）やめまい、過呼吸などが起きて、出られなくなること。あがり症がひどくなったようなものだと思ってください。人前に出る機会を極端に避けるようになったり、人前に出ることを考えて四六時中不安や憂うつな気分が続くようになると、社会不安障害の可能性があります。

これは薬物療法やカウンセリングなどで治療できる可能性があるから、そこまでいくようなら精神科を受診することを考えてみてもいいかもしれないわ。

さ、次の方は？

【お悩み5】
毎日が淡々としていて面白いことが何もありません。私の人生にチャンスとかってあるのでしょうか？

これは、ずっと書いてきた「正しい考え」や「正しい行動」である程度うまくいくと思うわ。毎日淡々として面白いことがないのは、そういう結果になる考え方をしたり、行動を取ったりしているからです。

で、**毎日を淡々とさせないためには、何か自分のやりたいことや、人とつながることを考えて目標やアクションを起こすことが大切よ。**

たとえば、「小説家になりたい」という気持ちがあるのなら、毎日原稿を書いて、賞に応募しようとするでしょう。そうすると、図書館に通い始めるかもしれない。いろんな調べ物や取材をするかもしれない。小説を書くスクールやサークルに入るかもしれない。数珠(じゅず)つなぎ的にいろんな話や予定が入ってくるものよ。これを続けていれば充実した毎日になるでしょう。

また、「やせたい」と思ってジムに入会したとする。そうすると様々なレッスンに出てみたり、ジム仲間ができたりするかもしれない。ヨガやエアロビクスなど新しい趣味につながるかもしれない。きっと毎日は変わっていくでしょう。

受け身の姿勢のまま待っていてもチャンスは訪れないわ。物事を動かすことによってチャンスは出てくるのよ。

行動あるのみ！　次の方どうぞ〜。

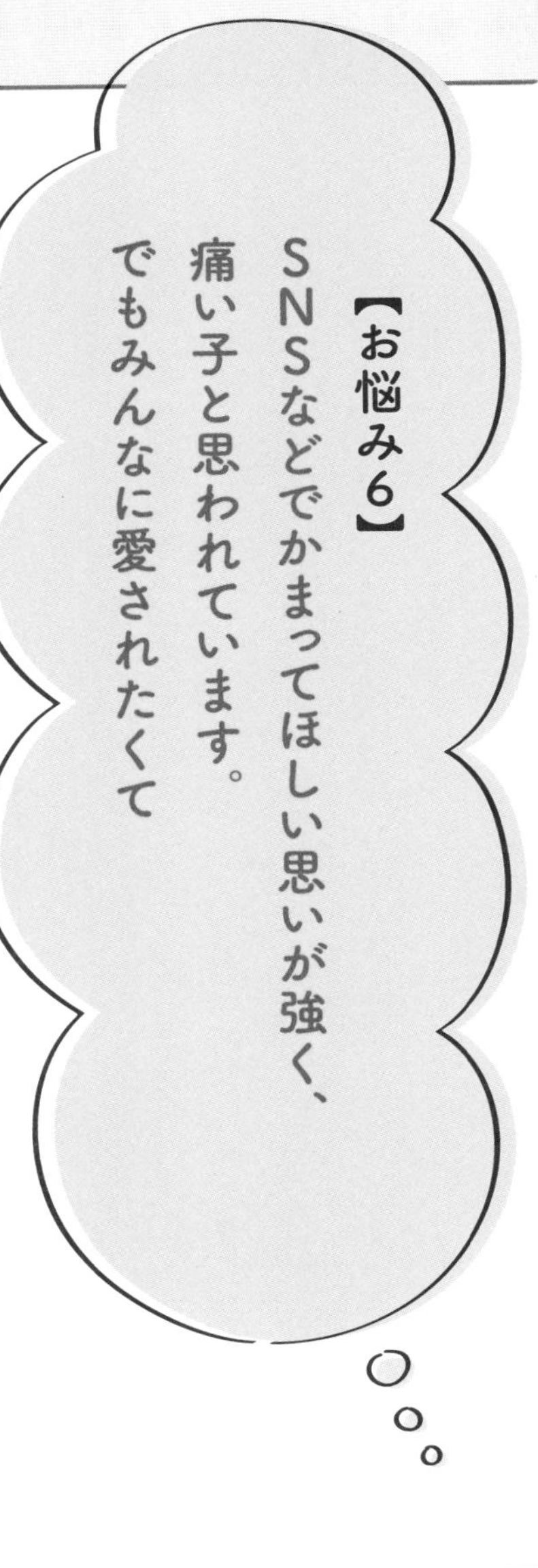

「かまってほしい」っていうのは「痛い」というよりも、アナタが幸せになりにくい考え方なのよね。自分を充実させる観点が、外部にあるわけだから。常に周りを意識するようになってしまう。ここは「自分が楽しむ」という発想に変えたほうがいいのよ。

なのでSNSでかまってもらうという方法より、SNSを楽しむという方法に変えたほうがいいと思います。

たとえば、SNSで面白い投稿や役に立つ投稿をして、みんなを楽しませるという方法ね。そういう投稿を心がければ、勝手に良い反応が得られると思うし、もっといい投稿をしてみようという立派な趣味になるわよ。

でもSNSというものの特性上、多少はかまってもらいたくなるかもね。いっそSNS断ちするほうがいいかも。

そろそろ休憩したいけど～。

【お悩み7】自分だけ不幸で人生詰んだという思いに取り憑かれてしまいます

今まで何度も述べてきた「正しい考え」と「正しい行動」という観点からみると、「自分だけが不幸」というのがそもそも正しい考えではないわね。

そうすると正しい行動にもつながらないから、本当に物事がうまくいかなくなるわ。そうするとさらに「自分はやはり不幸だ」と負の学習をしてしまうから、なおさらだわね。

なので、最初の考え方を「誰でもいいことも悪いことも起きる」としてみましょう。その上で、自分に起きた良いことをちゃんと見つけてあげること。アテクシのツイッターにも書いたことがあるけど、**幸せってちゃんと数えてあげないと消えてしまう**のよ。

考え方が変われば、もっと様々なことにトライしたり、物事を変えてみようとチャレンジしたりもするんじゃないかしら？

うまくいかないこともあるけれど、一定の確率でうまくもいくからね。でも何もやらなければ、絶対にうまくいくことはないんですもの。

そしてうまくいったことをちゃんと理解できるようになれば、「自分は何しても不幸だ」なんてさらに思わなくなるわよ。

よし、次の方どうぞ。

【お悩み8】旦那が家事育児を一切手伝わず、私ばっかり損してる。ツイてません

さて、これも正しい考えと行動でいきましょうか。まず、ここで正しくない考えがあります。「ツイてない」という考え方です。

出会う人出会う人が、何らかの問題を起こし、うまくいかなくなる人っているのよね。そういう人は「私が関わる人間にはろくな人がいない、ツイてない」なんて考えていることがあるけど、

大きな間違いです。

世の中にはいい人もいれば悪い人もいる。だけど、**いい悪いというのはその人の本質ではなく、相手とどんな関係性を結んでいるかっていうことなのよね。**同じ人でもある人にはいい人だし、ある人にはひどい人である、なんてことはよくあるのよ。

だから関わる人がいつも問題を起こすのならば、

関わる人の選び方

自分自身の関わり方

に問題があることが多いのよ。

まず関わる人の選び方なんだけど、あちこちで問題を起こしている人が、自分にだけ例外的に問題を起こさないなんてことは考えるべきじゃないのよね。

まだアナタと問題を起こしていないだけであって、これから問題を起こすと考えるぐらいでちょうどいいです。だから普段から問題を起こしていない人と関わる方がいいわ。もちろん最初はわからないこともあるけれど、**自分にだけは特別と思わない**だけでもだいぶいい人間関係が増やせると思うのよ。

そして次に、これが一番大切なこと、自分自身の関わり方ね。たとえば相手に文句があっても、言わなければ「不満がない」と解釈される。ワガママだと思っても聞き入れていれば「当たり前だ」と思われる。相手がやるべきことを自分がやれば、アナタの仕事だと思われる。こういうことなのよね。

で、この二つの観点から見ていきましょう。前半の関わる人を選ぶだけど、旦那さんは今さら選びようがないので、今回はパス。で、後半の自分自身の関わり方という観点から考えていくのが一番だと思うのよね。

簡単に言うと、旦那さんは「家事育児はアナタがやるものである」と学習されているのよ。だから今からでもいいので自分自身の関わり方を変えていきましょう。

たとえば旦那さんがちゃんと家事育児をやる約束をさせる。話し合いできないんだったら、夫婦としてうまくやれていませんよね、とちゃんと怒るしかない。話し合って、ルールを決めて、守らなかったらなんらかのペナルティを考える。あるいは守れたら、何か旦那さんにもいいことがある。というふうにもっていくのがいいと思うわ。

「ツイてない」で終わらせてしまったらこのままなのよ。

じゃあ最後の方どうぞ〜。

【お悩み9】
いつもダメな人ばかりを好きになってしまう。いわゆる恋愛運のいい人ってどんな人？どうしたらそうなれますか？

まあ、今までの流れからぶっちゃけ言いますと、

「恋愛運のいい人ってどんな人？」

って聞いてる時点で考えが間違っています。

それをアナタが決めなくてどうするのよっ！

自分のなかでどんな恋愛がしたいかはっきりしていないから、うまくいかないと感じるんだと思うのよね。人によっていい恋愛の定義は違うのだから、そこから考えて自分の軸を作ったほうがいい恋愛ができると思います。

ただこの恋愛の軸なんだけど、あんまり杓子定規(しゃくしじょうぎ)に考える必要はなくて、毎回違ってもいいと思うのよ。

「いつもは一目ぼれ重視だったけど、今回は優しそうな人に告白されたから穏やかな関係性を重視してみよう」

こういう応用は全然アリだと思うわ。なんてったって相手は人間なので、恋愛する相手でピンときたものを育てていっていいと思うの。だけど、常に「今の恋愛で大切にしているもの」がわかっている必要はあると思います。

たとえば、相手に穏やかな関係性を求めて付き合い始めたのに、「やっぱりときめかない」なんて思い始めたら、うまくいくものもうまくいかなくなるわ。恋愛運のいい人は、自分の恋愛に対して、パートナーに対して、誠実である必要があると思うの。

自分の恋愛について誠実とはどういうことかというと、「自分の納得できないおかしな方向に恋愛が進み始めたら、ちゃんと修正する」意志を持つことなのよ。

たとえば、相手が「自分がラクをすること」ばかり考え始めたら、「それはおかしいよ?」と言う。おごられるのが当たり前になったら、お金のルールについて話し合うとかね。

「恋愛するのが面倒と感じます。恋愛したほうが幸せになれるの?」なんてお悩みも聞くけど、これもおんなじ流れで、**自分にとって恋愛するほうが幸せかどうかをよく考えて、自分で結論を出すことが幸せになるヒケツよ。**結論が出ないという結論もアリよ。

「なんとなくみんな恋愛してるから恋愛してみる」って流されているのでは、幸せにはならないと思うわ。

フラれて前に進めないのなら、無理に進まなくても気持ちが納得するまで待つことも大切だと思うのよ。

12ヶ月の Tomy's 言葉お守り

月ごとに読んでみて！きっといいことがあるわよ

【一月】一年の計は元旦以外にもあるわ

正直一年の計画を元旦に立てるだけではちょっと足りない。一年もたてばいろんな要素が変わってくるから、それに応じてこまめに計画を立てたほうがいいわね。アテクシは未来予想図というメモを時々書いています。

そこには、今の問題点、これからの課題、それを達成するための方法を書いているのよ。でも、これって人間関係が変わったり、職場の環境が変わったりすると当然変わってくるので、時々物思いにふけりながら、「予定変更よ！」と思ったときには書きなおしたりする。

そうするとだいたい一年に二、三回は書きなおしていることになります。

なので一年の計は元旦以外にもある、と考えておきましょう。ただ元旦は気持ちの切り替えどきですからまず一つは作ってもいいわね。

二月には節分がある。豆をまいて鬼を払う行事だけど、アテクシたちも時々は鬼を払ったほうがいいと思います。人間関係の鬼。無駄の鬼。ここでいう鬼というのは、小さな歪みのことね。問題の始まりはいつも小さなこと。小さなことを「ま、いいか」と思っているうちに気にしなくなり、問題が大きくなる。

問題が大きくなると、最初はモヤモヤして「どうしよう」って思うんだけど、それもずっと放置しておくとやがて気にならなくなる。こうやって問題（鬼）はどんどん大きくなり、やがて倒せなくなってしまう。

だからまだひねりつぶせるうちに、ちゃんと鬼を追い払っておく。そうすると福が内側に入ってくるのよ。

【三月】感情の波にさらわれない

三月は別れの季節。今までの環境や人間関係が変わる季節でもあるわね。こういうときはセンチメンタルになりやすいわ。でも、さみしいのは仕方ないけれど、あまりさみしさに捉われていると、疲れやすくなる。

環境は変わるけど、もう会えないわけじゃない。別に会いたい人には会おうと思えば会える。あまりさみしさに浸らず、ぼちぼちと過ごすように心がけることが大切ね。

さみしさで心がいっぱいになりそうなときは、行動を変えると気持ちが切り替わるわ。お散歩行ったり、買い物行ったり、運動したり。上手に行動を切り替えて、ネガティブな感情に取り込まれ過ぎないようにしましょう。

【四月】出会いに入れ込み過ぎない

四月は出会いの多い季節。新しい人間との出会い、新しい環境との出会い。どうしても新しい出会いがあると、人はそれに期待してしまう。期待は物事を良く見せ過ぎるわ。でもどんな新しい出会いにも、いい点もあれば悪い点もある。

最初は悪い点は見えてこないことが多いけど、あとで必ず出てくる。最初に出会いに入れ込み過ぎてしまう（過度な期待をしてしまう）と、悪い点が出てきたときにより耐えられなくなる。

最悪の場合、新しい出会いを無駄にしてしまうこともあるから、最初は何でも良く見え過ぎてしまうのだと心しておく。そしてほどほどに新しい出会いを楽しみましょう。のちのためにもね。

【五月】五月病は誰にでも来ると思うが吉

連休の後は誰でも反動が来るわ。特に四月に環境が変わった人は「こんなはずじゃなかった」と思ってさらに反動が来やすい時期。

特に「自分には五月病は関係ない」なんて思っている人こそ意外と危なかったりするわ。人間は誰でも今の環境がつらくてやりきれなくなることがある。自分だって例外じゃないとハナから思っておくことが予防になることもある。

なのでこの時期はややアイドリング気味に動きましょうね。

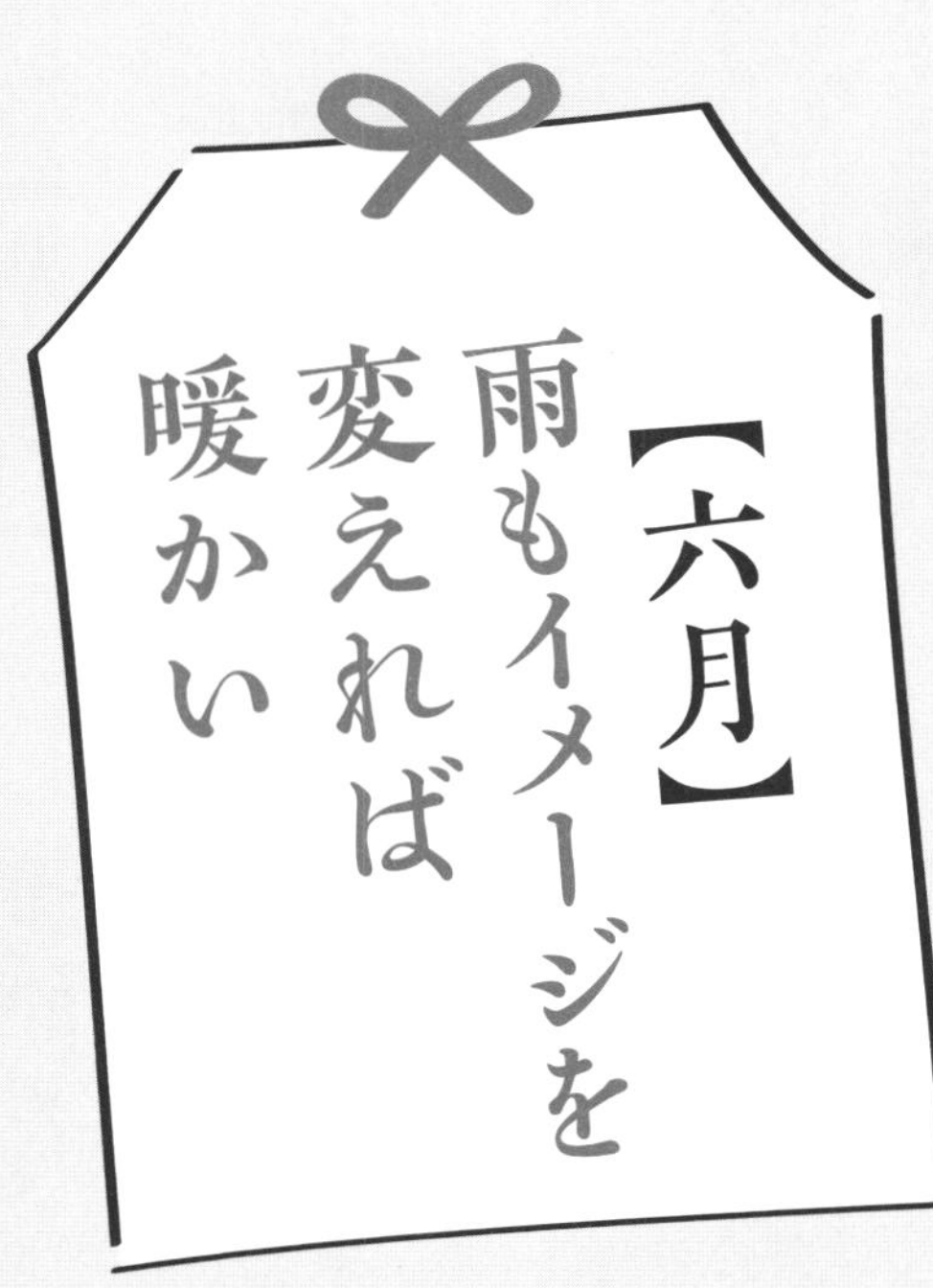

【六月】雨もイメージを変えれば暖かい

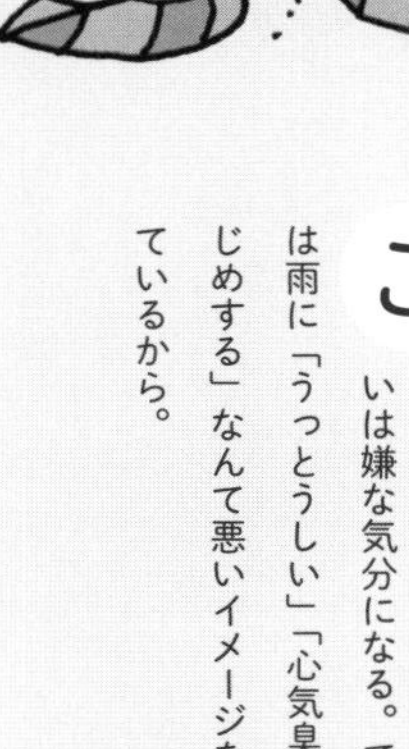

この時期は梅雨。雨が続くとたいていは嫌な気分になる。でも、それは雨に「うっとうしい」「心気臭い」「じめじめする」なんて悪いイメージを持ち過ぎているから。

世の中には「雨が好き」という人も意外といるもの。彼らに聞いてみると「しとしと降る感じがいい」「ずっと家のなかから雨を眺めていると落ち着く」「雨音が心地良い」などと様々な雨のプラスのイメージを語ってくれるもの。

アテクシは雨が好きというわけではないけれど、彼らの意見を聞いているとなるほどそれぞれ理にかなっているし、理解もできるわ。そう、自分の心のなかに「嫌い」というイメージを持ってしまっていると、そこから人は一歩も出られなくなるものなのよ。

重く垂れさがる雲も、日差しから暖かく守ってくれるベール。じめじめした空気ではなく、乾いた空気に湿度を与えてくれる存在。恵みの雨。

考え方を変えれば、気持ちも変わる。その練習をしてみて。

言葉お守り

【七月】テンションが高いときこそ控えめに動くの

夏になると急にテンション上がる人っているわよね。梅雨の反動もあるから「さあ夏だ！」という気持ちになるのはわからなくもないわ。だけどテンションが上がりやすい人って、テンションが下がりやすくもあるのよね。いわゆる感情の起伏が大きい人です。

感情の起伏が大きいと、やる気のある時期、ない時期の差も大きくなるから「運の波が大きい」と感じる人も多いんじゃないかしらね。

だけど、この感情の起伏はある程度コントロールできるものなのよ。基本的な考え方として人間のエネルギーは一定なのよ。だから、テンションの高い時期にあれこれ活動し過ぎるとエネルギーを使い切って反動でテンションの落ち込みも大きくなるの。波が大きくなると、テンションが下がる時期が長く深いものになって疲れるし、そもそも感情の起伏が大きい状態ってエネルギーのロスが多いから本来の力が発揮されにくくもなるのよ。

ほら泳ぐときって、波が大きいと泳ぎにくいでしょ。あれと似たようなものね。なので感情の起伏は極力穏やかにするほうがいいのよね。

さて、その具体的な方法なんだけど、「テンションの高い時期にやり過ぎない」これに尽きるわ。テンションが高いと、今までの反動もあって「さあ、やるぞ！」となりやすいのよね。その結果あれもこれも手を出してしまう。そしてエネルギーを使い切ったところでテンションが下がるんだけど、今まで手を出し過ぎた分だけやることが増えていて余計つらいのよね。

テンションの高い時期も、やることを増やさない。せめてやりたいことの半分ぐらいにする。

これぐらいのバランスでちょうどいいのよ。

【八月】人には苦手な季節があるわ

精神科医をやっていると気がつくのですが、精神的に崩れやすい時期があるのよね。たいていは季節の変わり目。

春先と秋口というのが多いです。八月半ばを過ぎてくると急に日が短くなり、精神的な状態が不安定になる人が増えてきます。

精神科を受診するほど調子が悪くなる人もいるけれど、普通に日常生活が送れている人でも苦手な季節があることが多いわ。でも、意識しないと意外と気がつかないのよね。

なんとなくだるい、なんとなく意欲が湧かない、なんとなく情緒不安定になりやすい時期ってないかしら？　それを振り返ってみて「ああ、私はこの時期苦手だな」ってわかっておくと予防になるわよ。

こういう苦手な季節は無理をし過ぎないように、予定を詰め込み過ぎないように過ごすようにするといいと思うわ。人によってはこの時期を「運が悪い」と捉えているのかもしれないわね。

言葉お守り

【九月】読めないときは「予想より大変かもしれない」と想定しておくとGood

さて九月のテーマで考えてみたんだけど、最近は夏はとっても暑い。今普通に夏の暑さって35度超えてくるし、場合によっては40度も超えてくるわよね。もうありえなーいってぐらいなんだけど、その影響もあって残暑もなかなかひどいわよね。

九月に入っても最高気温35度超えてくることもあるものね。ところで残暑って思ってるよりしんどいと思いません？　アテクシそれは「もう秋だから大して暑くはないだろう」という思い込みのせいだと思うのよね。

ちょっと話は変わるんだけど、アテクシの本業は精神科医。クリニックなので外来でひたすら診察をしています。でも外来って日によって患者さんの数に波があるのよね。予約表を見ればめちゃくちゃ多い日もあればすいている日もある。もちろん患者さんの数が多いほうが平均して疲れやすいんだけど、数が少なくても疲れる日ってあるのよ。それは予約表を見るともっと少ないはずだったのに、実際ふたを開けてみれば多くの患者さんが来た日なのよね。逆に予約表がいっぱいの日は意外とラクに一日が終わることが多い。

なぜこんなことになるかというと、人間って予定外のことはより大変に感じる傾向があるわけです。ここで残暑の話とやっとつながってきたわ。残暑も予定より暑いからつらいということよ。

これを逆手に取れば、読めないこと、不確定な要素の大きなことに関しては、予想より実際は大変かもしれないと思って動いておけば、心も体も疲れにくいってことなのよ。予想よりラクだったらそれはそれでラッキーだと思えばよし。

【十月】アナタの大切な人に付き合ってほしいことがあるならありきたりなことでもやっておくといいかも

十月と言えばお月見。アテクシお月見と言えば思い出すことがあるのよね。もう10年も前のことになるわ。アテクシの当時のパートナー、ジョセフィーヌが突然「皆既月食見よう」って言い始めてね。皆既月食なんてそんなにめちゃくちゃ珍しいものでもないし、なぜいきなりこんなこと言うんだろうと思ったけど、一緒に見ることにしたの。

で、ジョセフィーヌってもともと花より団子な性格で、アテクシが「蛍見にいこう」「お花見しよう」「花火見よう」といってもあまり反応しないタイプだったのよね。そんな子がいきなり「皆既月食見よう」なんて言うからホントにびっくりよ。

で、ちょうど実家にいるときだったんで、アテクシのお母さんも呼び出して三人で月食見たの。だんだん月が暗くなっていって、月食が完成すると、うすら赤くぼうっと光るわけ。神秘的な雰囲気だったわ。

鑑賞が終わって家のなかに入ると、なんとジョセフィーヌが泣いてたの。

「えー、なんで泣いてるの」

「なんとなく。綺麗だったよねえ。また見る機会があったら見ようね」

なんて会話をした記憶があるわ。

読者の方のなかにはご存じの方もいるかもしれないけれど、ジョセフィーヌはその後二年ほどで亡くなったの。一緒に皆既月食を見たのは、これが最初で最後になったわ。かけがえのない思い出になったし、面倒くさがらず一緒に見ておいてよかったなあと思うわ。

いつも思い出すのはふとした瞬間。さりげない幸せ。「えー、面倒くさいなあ」なんて思わず、こんな機会があったら乗っておくといいと思うわ。

【十一月】紅葉のように年を重ねることは美しいわ。その年齢はアナタにとって一年限り

年を取ることを嫌がる人もいるけれど、どんな年齢もアナタにとっては一度限り、一年限り。その年にしかできないこと、その年だから出てくる深みもある。年を重ねることを嫌なことだと頭から思っていたら、そんな美しさは見えてこない。

年はどんどん重ねていくものだから、どんどん嫌なことを重ねることになる。それはもったいないことだと思うのよ。

その年その年を大切に生きる。運もそれで良くなっていくと思うわよ。

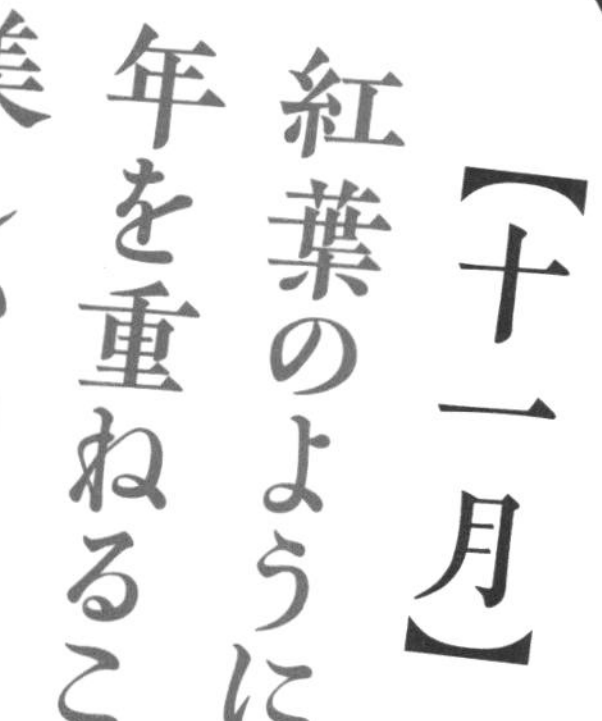

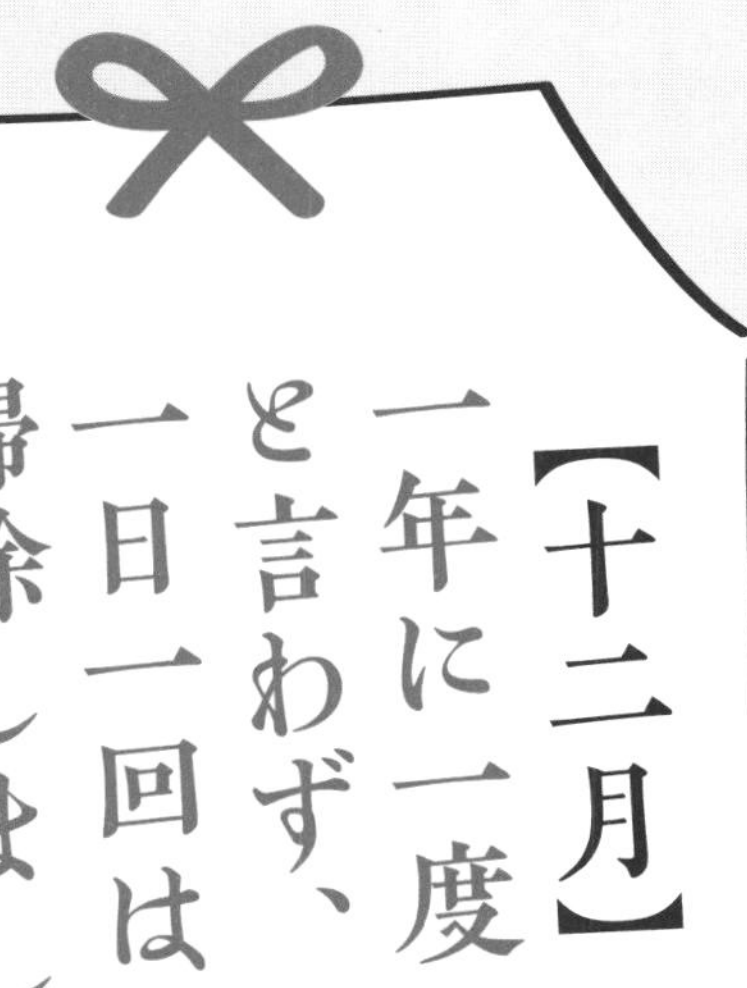

【十二月】一年に一度と言わず、一日一回は何かを掃除しましょ

十二月って大掃除するわよね。一年のまとめにするという意味はわかるんだけど、よく考えたら一年もため込んだものをまとめて掃除するって大変よ？大変だってわかっているから腰もなかなか上がらないわよね。

ちなみにアテクシ大声で言えないんですが、大掃除やったことないのよ。その代わりこまめに毎日掃除してます。こういうのは気になったらすぐ掃除する、捨てるってやったほうがいいのよ。一個一個の動作が簡単だから、腰も上がる。

物事ってため込めばため込むほど大変になって、やる気が必要になる。そうするとさらにため込むことになって、もっとやる気が必要になる。負のスパイラルに陥ってしまうんです。

で、ここでアテクシのいう掃除って、部屋や職場を綺麗にするだけじゃないわよ。中途半端に関わっている、生産性のない関係性、無駄な作業、こういったものもちょくちょく整理する。そうね、できれば一日一回は何かを掃除するぐらいでいいと思うのよ。

無駄なものが多過ぎて散らかっていると、見通しが悪い。本当にやりたいことの足を引っ張ってしまう。だから運も開けてこない。ちゃんとこまめに「掃除」しましょ。

おわりに

さて、アテクシはじめての「開運本」いかがだったかしら？

もちろんアテクシは占い師じゃないし、れっきとした精神科医。一般的に「運」というものの正体を理論的に捉えなおしてみるというのがこの本のコンセプトです。

こうやって「運」を具体的に解き明かしてみれば、逆に自分自身で「運」をつかみ取ることができるってわかるわよね。もちろん、ちょっとした運の善し悪しはあるのですが、その振れ幅ってあまり大きなものじゃないのよ。そして何度も試行錯誤を繰り返せば、一定の確率でうまくいくはずなのよ。

どんなに運がいい人でも、サイコロの目の1が出続ける人なんていませんからね。ただ、考え方ややり方がずれていると、どんなに試行錯誤しても結果は出てきません。この本を読んでアナタの人生がいい方向に変わっていくことを心からお祈りしてるわよ！

精神科医Ｔｏｍｙ（せいしんかい・とみー）

１９７８年生まれ。某国立大学医学部卒業後、医師免許を取得。研修医修了後、精神科医局に入局。精神保健指定医、日本精神神経学会専門医。現在はクリニックにて、日々数多くの患者と向き合う。

フジテレビ「ノンストップ！」など、覆面でテレビ・ラジオ番組にも多数出演。２０１９年６月から本格的に投稿を開始した大人気Ｔｗｉｔｔｅｒ「ゲイの精神科医Ｔｏｍｙのつ・ぶ・や・き♡」は、「日ごろのモヤモヤを吹き飛ばしてくれる」「一瞬で心が癒される」と話題に。舌鋒鋭いおネエキャラで、斬り捨てる人は斬り、悩める子羊は救うべく活動を続けている。

著書に『精神科医Ｔｏｍｙが教える１秒で不安が吹き飛ぶ言葉』（ダイヤモンド社）、『失恋、離婚、死別の処方箋 別れに苦しむ、あなたへ。』（ＣＣＣメディアハウス）など多数。

Twitter @PdoctorTomy

精神科医Tomyが教える 運を良くする たったひとつの正しい方法

2021年3月20日 第1刷発行
2023年4月10日 第3刷発行

著者 精神科医Tomy

発行者 吉田芳史

印刷所 株式会社光邦

製本所 株式会社光邦

発行所 株式会社日本文芸社
〒100-0003 東京都千代田区一ツ橋1-1-1 パレスサイドビル8F
☎03-5224-6460（代表）

Printed in Japan
112210308-112230328 Ⓝ 03(310064)
ISBN978-4-537-21876-3

編集担当：河合

内容に関するお問い合わせは、
小社ウェブサイトお問い合わせフォームまでお願いいたします。
https://www.nihonbungeisha.co.jp/

カバーデザイン
喜來詩織（エントツ）

イラスト
カツヤマケイコ

DTP
株式会社キャップス

校正
玄冬書林